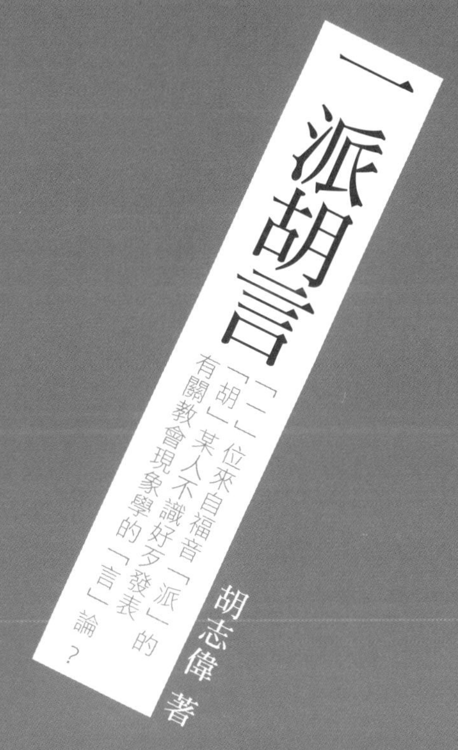

胡志偉 著

基道出版社
時代論壇
CHRISTIAN TIMES LTD

▼

時代論壇書系

一派胡言

作者

胡志偉 Wu, Chi Wai

責任編輯

羅民威

裝幀設計

奇文雲海．設計顧問

■

聯合出版

基道出版社
香港沙田火炭坳背灣街26號富騰工業中心1011室
LOGOS PUBLISHERS
Unit 1011, Fo Tan Ind. Centre, 26 Au Pui Wan St.
Shatin, Hong Kong
電話：(852) 2687-0331 傳真：(852) 2687-0281
網址：http://www.logos.com.hk

基督教時代論壇週報
香港九龍油麻地彌敦道476號優質教育集團中心11樓
CHRISTIAN TIMES
11/F.,Quality Education Tower, 476 Nathan Road,
Yau Ma Tei, Kowloon, Hong Kong.
電話：(852) 2785-7688 傳真：(852) 2785-8335
網址：http://www.christiantimes.org.hk

發行

基道出版社

承印

海洋印務有限公司

●

7/2008 初版

Cat. No. LP917

ISBN 978-962-457-358-9

Printed in Hong Kong

刷次	10	9	8	7	6	5	4	3	2	1
年份	2017	2016	2015	2014	2013	2012	2011	2010	2009	2008

序：一派胡言

二〇〇七年答應《時代論壇》定期撰寫專欄，也不是特別之事；筆者過往數年每週撰寫網上評論文章，已於網上供《時代論壇》採用。美國《時代》雜誌的年度風雲人物，正包括筆者此類忠心於在網絡上發表個人意見的文字工作者。

筆者命名此框格為〈一派胡言〉，有自嘲味道；盼願讀者不要過分認真看待隨己意抒寫的文字，可看為「一」位來自福音「派」的「胡」某人，其個人（與事奉機構無關的）不識好歹的「言」論。正因為是「胡言亂語」，毋須刻意解讀，也不用字字剖析，我只要以平常心直寫所思所感，而讀者只看作一位福音派信仰人士對事物的某個參考觀點。

在本港教會圈子的在位領袖中，敢於講真話的愈來愈少，因為講真話極有可能得失別人，這對機構或神學院同工而言，構成若干心理壓力，寧願選取安全指數高的課題發言，避免招惹麻煩或影響對服事單位之奉獻。一直以來，筆者用平常心看個人言論，有時受人批評在所難免，受人欣賞也毋須沾沾自喜！重要的是，當我定位為「一派胡言」，即我的思想，可能思路不清，或表達方面力不從心，有錯誤的成分，於是別人的回應，有助我修正或拓闊思考，從而得益。筆者不少學習經驗，乃從此而來；於是文字評論的功力，藉此加增。

對筆者而言，下筆並非千斤重；面子早已放下，也不怕寫多錯多，為不同教內外報刊供稿。我只是憑著信念與勇氣，透過講與寫，發揮可以有的言論影響力。每次執筆，正好叫我慢下來，換一個位置，思考與批判我所作的事工。本港教會根本養不起先知或客觀的教會評論員，我根本不是先知材料；只能在事工參與中，稍為退下來，對所作之事有若干反省。既參與又批判，正是筆者對公眾事務與教會事工的立場，教會未能奢侈地養得起有人作隔岸觀火式評論；惟在參與過程中，我能取得信任而享有發言權，而言論的空間正好成為思考之所在，讓行動與默觀能合而為一。文字是我理性思考的扎記，記錄著成長中的個體某年某月所思所聞，也可作為他朝歷史想像的素材。

現今蒙《時代論壇》與基道出版社看得起這些「胡言亂語」（徒十七18），編輯成書；筆者趁今個復活假期，稍為整理，把六十篇文章分為六個類別，首先有十一篇歸入「屬主世界」，華人教會要更多思考世界與我們之間既分又合的關係。接著，筆者選了十二篇，作為「真理世界」，嘗試以理性思考貫連。世界離不開了政治，「政治世界」共有九篇；而「身體世界」也反映政治，這裡我選了九篇。最後，有關教會的共十篇，而涉及牧職的則有八篇。要明確把這些文章分類，確實不易；此種粗分只反映有關文章的神學思考，不是先從教會或牧職出發，倒由神創造的世界的真理啟航，經歷權力世界（政治、身體、堂會），而牧職是對上述現象作出信仰的解說和參與。筆者不是專家，只是「知識的中介者」（knowledge broker），為華人教會提供某個視域，思考一些值得關注的課題。

請各派高人智者容許我不自量力，在此自成「一派」地「胡言」一番！

胡志偉

編寫於二〇〇八年三月底

目　錄

一、屬主世界

神愛世界

最近，筆者思索教會與文化之間的關係時，再一次醒覺華人教會文化對「世界」的否定根深蒂固，其中最明顯的例子，莫過於聖經的翻譯。

筆者不是原文專家或聖經學者，至少懂些希臘文。約翰福音三章16節是我們傳福音時常用的金句，也是信徒耳熟能詳的。無論希臘文或英譯版本，皆是神愛「世界」（希臘文 cosmos，英文 world），惟獨基督教大多中譯本，包括《和合本》、《新譯本》、《呂振中譯本》、《現代中文譯本》、《和合本修訂本》等，錯譯為「世人」。只有天主教《思高譯本》有較準確的翻譯：「天主竟這樣愛了世界，甚至賜下了自己的獨生子」。約翰福音內凡涉及「世界」一字用語的，中譯本當中錯譯的有不少。筆者查閱所有重要的英語聖經譯本，皆指向中性的「世界」，而非基督教中譯本獨有的「世人」。

也許有學者辯稱「世人」的翻譯，可與下句「一切信他的人」互相呼應，從而使整句的意思更為明確。此語的中譯，正反映譯經學者採用「意譯」而非「直譯」，這是否表達譯經學者、出版者或讀者已先入為主地接受「世人」而非「世界」？

當然，神創造的「世界」，必包括「世人」在內，兩者不是對立。但信徒只讀狹義的「神愛世人」，卻忽略了原來上帝也關愛祂創造的物質世界，包括山川河流、花草樹木、飛鳥走獸等！我們的世界觀是否絕對地「以人為中心」，而否定了其它受造之物？我們的使命是否遺忘了「往世界去，向所有受造之物宣講福音」（可十六15，筆者意譯）？

是否「愛世界」必然是負面的？為何我們偏向「不要愛世界和世界上的事」（約壹二15），卻漠視了約翰也正面看待世界，「天主竟這樣愛了世界……為叫世界藉著他而獲救」（約三16-17，《思高譯本》）？「世界」字義無疑可因經文脈絡而有不同的翻譯，然而譯經學者如何避免不受教內文化影響，還「世界」本來面貌，值得我們一起探討。

約翰神學根本不是敵視世界，否定世界，他表明「他在世界，世界也是藉著他造的」（約一10），「道成了肉身，住在我們中間」（約一14）。原來上帝那麼看重「世界」，而整全福音是關乎現今這個物慾化的世界。我們要作世界之光（太五14），而非教會之光。可惜的是教會中人常弄錯了場景，於是「世界」變成了「教會」，「世人」則演變為「個人」，於是我們只有「個人福音」卻失掉了「普世福音」！

關愛世界

筆者於上文指出華人教會錯誤的世界觀，導致「信仰私有化」；整全福音的理解，卻詮釋為關乎我個人上天堂的好消息。不少信徒心底裡可能認為上帝國度的運作軌跡，其實是圍繞著「以我中心」；而祈禱是否靈驗，乃看上帝成就了我的禱告有多少。

我們關愛世界，只因差傳使命，甚少因著世界本身是天父創造與關愛的。教會關注我們身處的物質世界，因為這個受罪污染的世界，同樣等候與期盼終極救恩的成就。基督徒看世界為造物主向世人施予的禮物，我們按著神心意照管大地（創一26-28），而非任意殘害這塊與我們為伴的自然地土。

「耶和華神把那人安置在伊甸園裡，叫他耕種和看守那園子。」（創二15，《新譯本》），表明人在犯罪墮落之先，有其神聖的召命，就是耕種與看守；從此引申，每位神的兒女要好好關愛園子，這正是「耕種」（cultivate）此字表明的，而我們的「看守」責任，就是照顧與持守神所託管的世界與文化（culture）。

普遍公認，過去五十年的氣候變化，是因著人類不斷開發與佔有土地而帶來的生態災難。不少信徒持守偏差的「以人為中心的世界觀」，誤信人是宇宙萬物的中心點，卻忘掉了余達心提醒我們「神——人——宇宙」的相互關係才是重要（參《自由與承擔》）。有宗教學者指出，以人為中心（anthropocentric）的思考只會促使世人繼續濫伐大地，我們要轉化思考，改為「以上帝為中心」，上帝才是世界的主體，人類不再是世界的征服者，乃是受造之物的管家，我們要忠心而有智慧地看顧與維護大地的安危。

教會有不可推卸的責任，就是宣講生態正義（ecojustice），教導信徒明白節約能源與愛護自然，亦是實踐管家職分的信仰生活。〇六年二月，美國基督教福音派組成福音派關注氣候聯盟（Evangelical Climate Initiative），有八十六位知名領袖聯署，當中包括華理克牧師；表達美國教會關注全球暖化，呼籲政府立法減少汽車廢氣排放量。基督徒看全球暖化並非純粹科學或政治議題，而是道德或靈性問題。面對全球暖化的生態危機，本港教會在宣講與實踐方面，也要提醒信徒要作上帝資源的忠心管家。

環保或貧窮世界等課題，從來不是本港教會流行時尚的寵愛；但這個世界正是上帝所愛而不惜差派獨生子來臨，為此捨身來成就救恩，所以我們的使命也有關愛世界的層面。

延伸閱讀

余達心著。《自由與承擔：文化危機與重建的思索》。香港：基督教文藝，2001。

世界更新

華人教會對「世界」的負面看法，也許是深受著在教會流行的「大災難式終末論」影響。當信徒返了教會一段年日，若干有關末世的講座或書本，由《哈米吉多頓大戰》（一九七六年由John Walvoord所寫）至《末日迷蹤》系列（*Left Behind*），就成為大多信徒的「末世」觀感。

信徒先入為主地接受了「地球全然毀滅說」，基督徒被提仿似登上神派來的太空船接我們往另一世界去，我們就從高空俯視上帝向世界施行徹底的審判。聖經豈不是說：「天地都要滅沒，你卻要長存；天地都要如外衣漸漸舊了。你要將天地如裡衣更換，天地就改變了。」（詩一〇二26）彼得也認為主再來像賊一般，「那日，天必大有響聲廢去，有形質的都要被烈火銷化，地和其上的物都要燒盡了。」（彼後三10）

新約學者理解「燒盡」並非終極的毀滅，而是短暫的破壞；神不是一手否定了祂所創造的世界，搬遷信徒往一個全新世界。神乃是潔淨與更新世界，使之煉成一個反映上帝榮美的場景。我們身處的天與地，沒有廢掉，徹底消滅；實況是舊有的經過蛻變之後，彷如毛蟲變成全新的蝴蝶一般。世界更新才是主再來時要成就的，而大地的救贖指向受罪破壞的世界，要恢復與造物主復和，所呈現的是所有受造之物在救恩內成為「新的創造」（林後五17；加六15）。

著名學者賴特（N.T. Wright）理解整全救恩以個人開始，至終為所有受造之物回復與神更新的關係（羅八）。世界更新，不是天真地幻想靠人力可建天國於人間，也不是消極地「不肯作工」（帖後三10）候主再來，乃是積極地忠於職守迎向耶穌再來。我們要重新認知「今生今世」不是在候機室內等候召喚何時離世，天堂並非最終歸宿，我們在世上所作的任何微小行動皆有天國價值（太廿五31-46）。何時華人教會重新思考偏差的終末論，放下「地球全然毀滅說」，明白萬物更新是上帝救恩的旨意，而非限於世人，我們才會對世界作更多的承擔，不用再問環保、扶貧或公平貿易是否管家的責任。

延伸閱讀

賴特著。戴宜真譯。《上帝配得一切》。台北：友友文化，2004。

走入世界

麥拉倫牧師（Pastor Brian McLaren）對傳統福音派的批判，就是弄錯了次序，於是消費式信徒的思考，永遠是個人需要優先，其次是堂會，最後才是世界。他看神的心意不是這樣，神首先關愛世界，因此差派祂的獨生子耶穌降世救人；而教會的設立，乃是為了成就救贖世界的使命；最後，才是上帝子民的個別需要。

可惜的是在這自戀世代中，不少堂會愈來愈遷就信徒，於是講道為了要安慰與鼓勵，本於真理而斥責的信息不復再。當信徒的個人世界，掩蓋了堂會與外在世界，此長彼消，甚至有若干信徒認為個人世界就等同了外在世界。難怪有信徒祈禱：「感謝主賜下陽光，上帝成就了我的旅行」，卻毫不理會當地乾旱極需要雨水澆灌。更可怕的是信徒在某些聚會中，聽了外地講員的分享，就認知外在世界真如講者描述一般，卻不去用心探究了解。

教會理應幫助信徒走入世界，誰知教會領袖對世界有太多的恐懼與不安，於是把原屬上帝的世界描繪為撒但的勢力或邪靈轄制之領域，基督徒宜避之則吉。筆者承認世界不是光明一片，有幽暗的真實存在；但若干教會領袖對世界的恐怖描述，造成信徒與世界之間產生不必要的對立。

我們須重新認知世界就是身在的場景，教會的角色是裝備信徒，持守使命，走入世界。筆者認為由基督徒組成的學生或專業團契，使命先於牧養，乃是「公共性」而非「專業俱樂部」。試看大學裡，基督徒教職人員與學生，人數比例較整體人口為高；然而一旦他／她們看世界為可畏的，就會選擇躲在校園祈禱，或熱心地在堂會事奉，卻不敢積極參與學生會或學生報！

當信徒忙於教會世界或專業團契的種種活動，我們就要反思哪方面出現了問題：是否教會世界已成為信徒「避世」的安全場所？為何專業基督徒群體邀請了城中名牧，講度身訂造的題目，就有「職場牧養」；返到堂會則嫌牧者不能滿足「個人口味」？機構或專業團體的成立，理應裝備信徒走進世界，但在消費主義支配下，只成為討論「如何入世」的場景，難怪香港教會盛行的是五花八門的研討會，真正「入世」行動卻寥寥可數！當今信仰的挑戰，就是我們要忠於使命，從教會「走出去」，重新走入世界！

延伸閱讀

麥拉倫著。蔡安生譯。《教會大變身：後現代教會發展新思維》。台北：校園，2005。

麥拉倫著。凌琪翔譯。《新品種基督徒》。台北：校園，2005。

入世而愛世

有一位北美牧者認為，現今教會的分門別類以宗派傳統（信義宗、聖公宗、改革宗、浸信宗等）或神學派別（自由派、基要派、靈恩派等）已不合時宜了；也許更適切的表述是整理不同堂會與其文化之間的關係。筆者認為，教會對世界的取向，也同樣構成了當今不同教會的面貌。

華人教會在認識三一神的層面，分歧不大；然而就「世界」之神學思考與信仰實踐，卻有相當的差異。筆者嘗試粗分為三派：隔世而不愛世派、入世而不愛世派、入世而愛世派。

隔世而不愛世派，一開始就認定世界本質是與神為敵的，信徒在世的使命是趕快拯救人脫離沉淪的世界，而教會首要任務不是關心世事，因此信仰實踐重要的是遺世而獨立，我們要儘可能遠離世俗，「不要效法這個世界」（羅十二2）。教會要有效幫助信徒，就要為他／她們建造堅固的堡壘，而信徒清楚知道「堡壘生活指南」，就能安心地在世生活，同時積極地期盼另一個世界的生活。

入世而不愛世派，肯定信徒要進入世界，但對世界同樣抱著否定的態度。信徒身陷撒但佔據的世界，我們只能組織地下軍，間中進行反擊。基本上教會對世界採取投降或放棄的態度，而此派不同意閉關自守，與世隔離；但因著「不愛世界」的主導思想，其信仰實踐常呈現「性格分裂」的徵兆：若干信徒口裡聲稱不愛世界，而其生活卻極其世俗化；某些堂會或佈道運動宣稱「不愛世界」，然而其事工作風卻較世界有過之而無不及！

最後一派，也是最易遭人扣帽子為「離經叛道」的入世而愛世派。此派肯定今世是天父所愛的場景，雖然人會犯上奧古斯丁所言「錯愛」世界之罪，問題不在於世界本身（正如文化、物質、錢財、性與權力等），而是世人用錯了方式。「關愛世界」不是把世界偶像化，取代了創造主應有的位置，而是把世界放回其合宜的位置。教會重新理解本身就是分散在世、寄居於不同地域的異鄉人，我們首先蒙神「呼召走出」（called out）這個世界，再被神「呼召走進」（called into）世界裡，成為福音（be the Gospel），展示天國的價值觀。當今，信徒在公共空間失掉聲音，不是人數多寡或實力如何，乃是我們對世界的關愛不夠！當我們為了愛上帝而愛世界，這個世界不再是那麼醜陋的！

職場世界

筆者於九三年在維真學院進修時，已接觸史蒂文斯（Paul Stevens）有關職場世界的信仰反省。近年來，本港的職場事工與論述漸多；當堂會多了此方面的關注，而思維仍是堂會本位主義時，很可能我們只是製造更多內部活動，卻對職場世界影響甚微！

職場既是當今大多信徒在其中謀生過活，而工作性質的轉變，我們再不能沿用某種屬靈論述：「你考慮轉換一分較清閒的工作？」因為職場生態已不再一樣，正朝向「全部工作」（Total Work），員工放假時仍要查看電郵或接聽公司來電。

筆者看職場事工不是限於福音事工或另類牧養模式，乃是裝備在不同行業當中的信徒，在其市井空間內彰顯上帝國度的臨在與轉化。倘若行業中存有不少陋習或歪曲的價值，職場聖徒不是滿足於個人私德（如誠信或勤奮等），其使命就是轉化工作間的價值，抗衡市場之惡。

就筆者所接觸，當今活躍於職場事工的團體，不少論述只是玩弄語言遊戲，或聚集一小撮，自組「專業式俱樂部」，讓成員在內裡忙不過來；而這一切本是向著市井世界進發的活動，倒頭來卻使職場信徒與原有行業疏離與割裂，不能產生任何影響。

目前，職場世界之首惡，就是把工作無止境地入侵私人空間，於是工作要求使人削減了共聚天倫、教會生活、文化與悠閒生活的時間。工時過長既不是健康的生態，參與職場事工的群體不能只搞些「如何減壓？」、「怎樣增值？」等聚會，更要面對的是工作空間的「全部化」。

當我們本著聖經的安息（Sabbath Rest），促進不同行業僱員抗拒企業的「貪得無厭」，確保工作有時、休息有時，這就是職場信徒對世界的貢獻。否則，職場事工與堂會事工根本沒有分別，仍是自困在某空間之內，所作的只是重複堂會的事工而已！

筆者看真正的職場使命，就是不同行業基督徒能夠在其圈子活出福音，並能用信仰語言與行業文化對話，從而期盼市井的價值能逐步轉化，恢復成為上帝創造的市場秩序。惟有回復職場的公共性，而非宗教場所，我們才能展示神的國度。

延伸閱讀

史蒂文斯著。陳永財譯。《七日全職信仰》。香港：天道，2003。

史蒂文斯著。陳錦榮譯。《塵俗靈程：在平凡生活中與神相遇》。香港：天道，2006。

人文堅持

多年前，還在維真學院進修時，聽了一個講座，論及福音信仰與文學之間的關係。其中印象較深刻的是，有評論認為福音派教會土壤很難產生文學工作者。魯益師（C. S. Lewis）被譽為二十世紀最偉大而具有基督教人文氣質的作家，他來自聖公會；按大多人之共識，視為主流教會。

倘若熱切領人歸主是福音派的氣質，行動主義（Activism）正是歷史學者伯炳頓（David Bebbington）描述的我們此群教會人士的精神面貌。福音派教會中人忙於搶救靈魂，哪有暇情興致從事文藝創作？然而，福音要長久而深入地植根於華人文化之內，我們要挑戰有心的基督徒學效三浦綾子、朱西寧等，埋首於小説創作。

當華人教會不願也不肯在文化領域中作任何投資，我們怎能期望公共空間內能夠樹立另類價值的文化產品？筆者肯定傳福音的重要，然而當福音只淪為消費的「節目」或「產品」，不能引發心靈的共鳴，我們則要再思福音究竟是甚麼。

福音果真是人類的好消息，而港式文化是不中不英的混雜；本港教會對中華文化的長遠貢獻，就是我們可開拓一小塊自由園地，讓基督徒在其中深耕。倘若急功近利的港人大多對文化耕耘不感興趣，華人教會要策略地影響文化，就要擺脱即食心態。

近看《傾聽秋雨》一書，記錄余秋雨訪台的演講，其中一段引發內心感受：「所謂『堅持』，一定有難於堅持的麻煩背景。最大的麻煩，當然是災難。我在文革災難中漸漸明白，當時要『堅持』的，並不是哪門學説，哪條路線，哪種政治，而是最起碼的人性、人道底線。因此，人性、人道底線，是全部人文堅持的基礎。」在此方面，余秋雨雖不是基督徒，其人文精神是與我們信仰有部分是共通的。

基督徒毋須對敵視人文主義。神學工作者巴刻寫了《基督教——真正的人文主義》（*Christianity : The True Humanism*），他理解人文主義有不同版本：馬列版、存在主義版、西方自由版與基督教版等。「『人文堅持』的第一條，是在任何情況下都堅守善良。」華人教會文化的土壤，能否培育三數位有這樣抱負的文化耕耘者？當我們失掉了人文堅持，我們的福音很可能只是失掉了內涵的宗教消費品！

延伸閱讀

余秋雨著。《傾聽秋雨：秋雨今年在台灣》。台北：天下遠見，2005。

Packer, J. I. And Thomas Howard. *Christianity: The True Humanism*. Waco, TX: Word Books, 1985.

「道」在文化

筆者看華人教會對信仰與文化之間關係，尚要有更多的反省與探索。現今有不少教會領袖一思考此課題，容易陷入：福音（或「道」）超越文化，因此現有文化根本是世俗化，而惟有福音能改造一切文化。

在後現代文化的討論中，華人教會也有此傾向：既然後現代的論述是相對而否定客觀真理，我們誓必要以真理壓倒後現代主義。

正如世俗文化一般，無論是現代主義或後現代主義，我們得承認這是我們信仰生活的場景。我們從來不是活在理想的基督教文化之中，也不是必然地活在現實的「去除基督教文化」之中。

在文化場景中，我們的願景無疑是文化基督化，然而我們又深明只要文化素質中尚能保存信仰塑造的部分，不致「文化全盤沙漠化」（借用林治平教授之語），我們也可向下一代有所交代了。

當世俗文化務求把西方基督教文化「去除神聖化」，聖俗不再截然二分；如今我們要努力，就是把崇尚科技的文化同樣「去除神聖化」，破除技術官僚與技術主義對一切事物的操控。

當代福音派靈修學者畢德生提醒教牧要成為詩人，教牧要多閱讀杜思妥也夫斯基（Dostoevsky）等剖析人性的文學作品。我們要學習尊重文字，要學習謹慎運用文字。畢德生看文字有三個類別：關係性、資訊性、操控性。信仰語言宜以關係性為主導，相反，世俗文化傾向是資訊性（描述式文字）與操控性（廣告式文字）。可悲的是本港教會文化，愈來愈失掉了文字的「爾我關係」（I and Thou），多採用了市場銷售語文，成為「物我買賣」。

筆者反對所謂「福音電影」或「基督教文學作品」，因為此等類別只會使信仰與文化更加疏遠，形成了我們另眼相看，作孤芳自賞。好的作品或文字，自有其信仰感染力，如張曉風的散文、三蒲綾子的小說、魯益師的評論等。作者的靈性必透過其作品流露出來，根本毋須刻意「文以載道」。一旦文字要成就功能性目的，我們的文字很容易就失掉了創造之美。我們豈不是肯定一切「聖化之想像」（baptized imagination）皆源自上主？

延伸閱讀

畢德生著。以琳翻譯小組譯。《返璞歸真的牧養藝術》。台北：以琳，2002。
畢德生著。孫秀惠譯。《莫測之樹：追尋呼召的探索之旅》。台北：以琳，1996。

自由與社群

近讀教宗本篤十六世所著*Values In A Time Of Upheaval*，他在〈自由、法律、良善〉一文中指出當今倫理的混亂，正涉及兩者之爭：個人自由（individual freedom）與社群價值（community values）。

隨著社會的開放，超級個人主義（hyper-individualism）不斷高舉「自由」名義，把個人自由放在首位而罔顧社群價值。當個人倡導的自由，有權選擇生存或死亡，盲目地伸展個人的自由，至終社會內再難有一套人人信守的社群價值了。過往，歐美社會的倫理賴以建立的價值觀，有著基督教文化的影響；然而在「去基督宗教」的後現代多元社會，所謂社群價值可能淪為飄忽不定的所謂社會共識。

社會共識只反映不斷否定與再肯定的民意，賭波合法化、性傾向歧視、二〇一二年雙普選、安樂死等課題不容易有社會共識，唯一可顯示的是開放社會的多元價值。當多元性為公民社會唯一認同的普世價值，就帶來政府管治的困局，因為任何政策施行必涉及權力與利益的重新分配，有新政的受惠者，也有新政的受害者。

人有創作的自由，大學生有權表達其開放的性觀念，斌仔也有權表達贊成安樂死；然而個體或一小撮人的自由，如何與群體的社群價值協調妥協或取得平衡，正是值得我們探討的。面對爭議性課題如性取向與民主普選等，在兩極的正與反之外，我們有否第三條路可走？當社會內對立的情緒高漲，教會是置身事外，還是促進雙方溝通與和解？

面對上述問題，筆者沒有任何既定答案；作為參與公共空間的一位福音派牧師，在埋身參與反賭、關注貧窮與公義等課題上，我嘗試在公共空間內有基督徒的觀點。另一方面，我又不認為只有一種所謂「基督徒世界觀」或「基督徒價值觀」，譚惠珠與涂謹申就政制發展沒有一致看法，而郭炳江與李卓人在最低工資問題也可以沒有共識。

倘若傳統的道德被推倒，而新的社會共識也不易達成，基督徒群體除了堅持其信念與價值之外，我們如何不被視為「霸道」：以少數派的「社群價值」強加在社會身上？我們如何一方面尋求公義，另一方面擁抱異見？這正是神學工作者沃弗（Miroslav Volf）於《擁抱神學》所討論的。在個人自由與社群價值之間，如何不走偏執，正是所有華人基督徒要認真處理的！

延伸閱讀

Pope Benedict XVI. *Values In A Time Of Upheaval*. New York: Crossroad, 2006.
沃弗著。王湘琪譯。《擁抱神學》。台北：校園，2007。

下海濕身

多年前在一聚會中，後現代學者史域博士（Dr. Leonard Sweet，或譯遂特）發出挑戰，信徒倘要「入世而不屬世」，就要猶如高速雙體船在大海中滑翔，濕身是無可避免的事。船不能離水而航，又不會輕易受水淹沒，信徒身處波濤洶湧的後現代世界，同樣在參與（engage）行動中進行信仰反省。

聖經常以大海的譬喻，指向變幻莫測的世界。約拿、耶穌的門徒與保羅等人下海的經歷（拿一3-16；可四35-41；徒廿七1-44），正是信徒入世使命的操練！「開到水深之處」（路五4），這句出自耶穌口裡的話，正是對安逸在岸上而不敢下海的教會中人發出的挑戰。

就筆者近年來的接觸，特別是公共事務的參與，岸上談論的多，下海參與的甚少！岸上有開不完的研討會，而真正下海的幾許人也？畢竟按著人性，岸上不濕身的袖手旁觀，或稍為下水於水淺之處，安全得很；倘若要遠航於水深之處，凶險難料，隨時狂風巨浪，有覆舟之禍。正因為教會領袖與神學工作者，有時看面子過分重要，害怕濕身帶來的不便，於是抽離談論多於親身參與；即或有所談論，也是安全系數高的言論。

當耶穌向彼得發出挑戰，縱使彼得有千百個理由，他毅然順服主的召命，搖舟朝往看不見的深海；教會領袖與信徒是否也可離開岸邊或淺水處，迎向深海遠航的挑戰？筆者對職場牧養同工的提醒，不要自築「泳棚」，把信徒困在海旁，以為一起自得其樂就足夠；更重要是裝備信徒在真實的職場空間，彰顯天國的價值與影響。信徒懼怕下海濕身，有時是因著教會領袖過分善意的保護，於是華人教會牧養了不少愛嬉水卻不敢游泳的信徒；當然，你很難奢望他／她是善於水性的救生員！

惟有我們擺脫分割的知識論，重新肯定真實的信仰實踐與反省並非一小撮神學工作者的專利，「知」「行」毋須劃分；有時是先「行」後「知」，有時是「知」而才「行」。當本港教會的知識分子能放棄高談與空談，積極投入行動，我們的神學將會豐富得多！面對倫理課題更趨複雜，華人教會需要有更多不畏下海濕身，又能在水中冷靜思考的信徒，一起透過實踐與反思來深化信仰。

延伸閱讀

遂特著。《鴿子型教會》（*Soul Tsunami*）。台北：校園，2008。

Sweet, Leonard. *Aquachurch*. Loveland, CO: Group, 1999.

變幻無常

〇八年春節前，一場五十年一遇的大雪災影響著國內本已不勝負荷的春運，交通阻塞、煤電供應不足，使半個中國陷於癱瘓。老天爺是否向中國人開玩笑？不少民工急於回家團年，如今要滯留南方廠房過節了！連續的寒冷天氣，使港人感受這個冬天特別冷。不是前一段日子有專家說：香港冬天日子因全球氣候暖化而減少，可能香港不再有冬季？去年股市急升，國內股民達一億多人，而本港股民人數也有一百八十六萬人，原本暢旺的股市竟因美國次按問題，急轉直下，不時炒上炒落千多點。

研究後現代的歷史學者史域博士（Dr. Leonard Sweet，或譯遂特）貼切描述現今世代，正是飄浮不定的汪洋大海。倘若現代世界是堅實可量的硬地，後現代世界則是流轉如水，前一刻海面平靜如鏡花水月、下一刻是突起巨浪，一片動盪。世事發展，不再是循直線發展，卻是隨時湧起驚濤駭浪，拋人於亂序（chaordic）之中。我們正活於「不確定的年代」，原先人以為可以操控的世界，若干偶發的因素如雪災、法興銀行內幕交易、陳冠希慾照事件等，竟導致社會關注的新聞事件。

史域博士剖析後現代文化帶來三「失」現象：失了焦點、失掉中間及失去控制。這三「失」現象，反映「轉瞬即逝」正取代了「持久深耕」，一個月在投資市場可能是長線了！失了焦點正反映於我們對事物本質的思考，理性思考與對話的空間已不斷縮小，「求真」已被「求其」所取代。每次大型佈道會之後，常有所謂事後檢討；然而待下一次辦大型佈道會時，又有多少負責事工者認真查找有關研究，如世界華人福音事工中心出版的《香港包樂佈道大會——赴會者、決志者及跟進研究》（一九八八年）及刊於《教新二千通訊》的〈彩虹佈道會決志者跟進及成長調查報告概要〉（一九九八年）？十年後的今天，佈道研究無人問津，名人福音見證聚會此起彼落，這反映甚麼樣的教會文化？

失掉中間意味著「溫和派」失勢，他們被視為立場不穩，左搖右擺，現實政治是走中間路線的，必受兩極圍攻；偏激因其受人注目而得勢，溫和卻不能惹人注目而棄在一旁。對異見兼容也容易標籤為在真理上妥協、神學自由化等，最穩妥的神學是安於古人的主流傳統觀點，不獨排眾議，方能被人接受。

失去控制，就是打破「人定勝天」的神話，重新承認生命渺小，面對世事莫測，人根本無力操控一切。一場風雪，就暴露了國內體制與配套的不足。「我知道神所作的一切，都必永存，無可增添，無可減少；神這樣作，為要使人在他面前存敬畏的心。現在有的，先前就有；將來有的，早已有了；因為神使已過的事重新出現。」（傳三14-15，《新譯本》）

延伸閱讀

遂特著。《鴿子型教會》（*Soul Tsunami*）。台北：校園，2008。

Sweet, Leonard. *Learn to Dance the SoulSalsa: 17 Surprising Steps for Godly Living in the 21st Century.* Grand Rapids, MI: Zondervan, 2000.

二、真理世界

不解聖經？

華人教會一向重視聖經的權威，倡導「回到聖經去」。然而弔詭的是信徒把聖經放在高不可攀的位置，供我們崇敬；另一方面普羅大眾卻對聖經的理解，甚有不足。

倘若詮釋學是幫助我們閱讀經文而了解，華人教會的悲哀是信徒多選擇作被動的聽者（listeners），卻不肯作主動回應的讀者（readers）。近十年在感性敬拜的浪潮下，基本的研經OIA（指觀察／Observation、解釋／Interpretation、應用／Application）只餘下 A了，查經變成了感性的個人分享，或生活應用。

筆者看「不解聖經」正是本港教會讀經的普遍現象，無知化正是大多信徒的通病。可能有人認為情況不是如斯惡劣，君不見若干由某名牧或大師主講的聖經講座，出席聽眾踴躍，反應熱烈？筆者撰文〈聚會主義〉（128頁）指出，這正是華人信徒的偏差——愛聽而不閱讀。北美柳樹溪教會的《揭示》指出信徒返聚會與靈命成長是兩回事情。倘若教牧理解信徒多了參與讀經講座就等同實踐個人讀經，這是極大的迷思。

面對「聖經盲」的普及現象，教牧在宣講與教導全面真理更為重要；我們的職事是把整本聖經忠實地教導會眾明白及順服。講者不單是經文的詮釋者，會眾作為「讀者」也同樣是詮釋者。教牧的失職，不是個人「不解聖經」而犯「怠惰之罪」（借用范浩沙〔Kevin Vanhoozer〕著《神學詮釋學》的用語），乃是我們漠視了會眾也要用心思考經文，「要知道這道是否真實」（徒十七11，《和合本修訂本》）。

正如聖經學者Gene M. Tucker所言：「閱讀、解釋和理解都是群體性十分強的工作，總是在某個解釋性群體內進行。一個人以講者或教師的身分說話，就是與一群會眾或一個群體一起學習的過程。」（引自唐慕華著《非凡的敬拜》）我們的不足，就是過度高舉某些名牧或名人，賦予這些專業者過多的權威，矮化了會眾的理解力，忘掉了受眾與講者同樣站在經文下面的同一水平。沒有任何人站在經文上面向我們言說，這是「過度了解」（over- standing）。正確而合宜的，是講者與聽者皆是一同服膺聖經而存著信心去互相理解（under-standing）。

另一項導致我們「不解聖經」，就是只要本身「支派化」的角度理解文本，忘掉了我們帶著本身傳統或宗派的眼鏡來觀照與認知。「驕傲之罪」也是我們常犯的，只有某人或某群體才擁有對聖經最真確或最純潔的理解，其它的詮釋皆是錯謬的。「基要主義宣揚文本的權威性，但其實解釋群體才是其權威。」（《神學詮釋學》）

延伸閱讀

范浩沙著。左心泰譯。《神學詮釋學》。台北：校園，2007。

唐慕華著。陳永財譯。《非凡的敬拜：重尋敬拜與佈道的關係與意義》。香港：學生福音團契，2007。

詮釋群體

《神學詮釋學》帶來的思考，就是教會本身是詮釋文本的群體，別人如何理解聖經，就要視乎神的子民如何活出聖經的真理。這方面作出最大貢獻的是紐畢真（Lesslie Newbigin，或譯牛畢真），他視「會眾作為福音的詮釋」，不是我們宣稱的福音如何有能力，乃是我們此群神的子民當下如何以日常生活詮釋信仰的內容。

可惜我們錯誤地把詮釋聖經的責任交予神學工作者或教牧，忽略了會眾的責任不光是消費式聽道，還要具體地行道（雅一22-25）。我們不要錯把講道者看為主角，而會眾只是觀眾而已；正確的理解是經文如劇本，講道者與聽道者皆有份參與「即興劇」，在參與過程中更能理解與發揮劇作者的用心所在，這正是神學工作者范浩沙的見解。

聖經既不是「開放源碼」（open source），任由讀者按個人喜好選取而自由發揮，也不是「封閉的文本」，把所有要實行的教義鉅細靡遺地排列出來。正因我們不是文本的主人可以「站上解之」（over-stand），合宜的姿勢是「站下解之」（under-stand）。

每當華人教會大聲疾呼「聖經的權威性」或「信仰的正統性」，也許我們要看的不是外在的信仰告白，更要察看認信者的生活詮釋。當有機構常常向外募捐，其信仰詮釋可能是「金錢的福音」，福音要在市場立足，無財是不行的！或有機構同工常常用欺瞞手法，或故意有所隱藏，其信仰詮釋可能是「失掉誠信」，疑點自然歸在他們身上。或有信仰群體宣稱「無私的福音」，卻坐擁大量財富，不關心本港貧窮人需要，其聖經詮釋肯定出了問題，因整本聖經有超過二千節經文與「貧窮」相關。或有信仰群體常常說道「政教分離」，然而其領袖們不敢表達任何有可能觸怒當權者的言論，或禁止有關言論，其神學詮釋原來不是由文本決定，而是與當權者的關係所左右。

又或現實正是與文本存有這麼大的鴻溝，而教會作為詮釋群體之使命，不是對問題視而不見，或嘗試把現象合理化，乃是我們謙遜地站在文本之下，承認帶著不少偏差的成見解讀聖經，「去而學之」（unlearn），才能重新「復而學之」（re-learn），對文本有更深的認知與應用。正如范浩沙所言：「教會應該是一群謙遜但堅信的解釋者信徒，其良心被聖靈所燃燒和封印，並被聖道所俘獲，而他們的評論與群體不斷地尋求體現文本的意義及含義。」

延伸閱讀

牛畢真著。胡簪雲譯。《上帝家裡的人》。香港：文藝，1989。

宣講公義

華人教會重視二〇〇七年是馬禮遜來華二百週年，不同教會團體紛紛舉行連串記念馬禮遜的大小聚會。然而，我們作為全球基督宗教的一員，不能忽略的是二〇〇七年也是英國國會通過禁運奴隸法案二百週年，歐美教會將舉行各項紀念活動，為要喚醒信徒關注現今仍有二千七百萬人活在奴役之中。一套以英國國會議員威伯福斯（William Wilberforce）爭取社會公義事蹟的影片《奇異恩典》（*Amazing Grace*）上映，講述的正是那年代一群基督徒實踐公義的使命。

本港教會承受著華人教會文化影響，不分派系，皆重「私義」（個人與神關係）而輕「公義」（指個人與別人或社群之間關係）。自由派的偏差是「以愛行義」取代了教會一直持守的「因信稱義」；然而福音派對福音的理解不足，造成了只講廉價恩典，卻不明白公義原是福音不可分割的部分。倘若上帝不是公義的，我們就毋須畏罪而悔改，基督也不需走上十字架，為世人背負罪責，要滿足上帝公義的要求。

就筆者接觸，本港教會宣講公義的信息愈來愈少；近年來流行的多是安慰心靈的，或是激勵心志的講章。不少教牧怯於宣講聖經的公義要求，而信徒也不曉得以公義的標準思考倫理課題，難怪教會對不義之事，無動於衷！

由舊約社會至新約教會，聖經不乏有關公義（或正義）的論述；可惜《聖經和合本》與《聖經新譯本》在若干經文翻譯中，以「公平」或「公理」代替了「公義」；神清楚宣告：「因為我耶和華喜愛公平。」（賽六十一8）這裡筆者認為「公義」是更恰當的翻譯。耶穌引用舊約以賽亞書四十二4，表白至終「叫公理得勝」（太十二20），即「公義必勝」。公義不等同平等，指向的是公正公平、廉潔守法、維護法治、持守承諾，尊重人權、保障弱小等。

上帝子民對一切執政者的衡量標準不是務實或願景、民生或民主，乃是公義的原則（撒下十五1-6；王上三4-28）。詩篇七十二篇正是神的子民為執政者代禱，祈求耶和華賜予世上執政者秉行公義；而詩篇八十二篇則為法治代禱：「你們當為貧寒的人和孤兒伸冤；當為困苦和窮乏的人施行公義。當保護貧寒和窮乏的人，救他們脫離惡人的手。」（詩八十二3-4）整本聖經不乏公義的要求，可惜是那些聲稱尊重聖經教導的教會，有意或無意地刪減了部分，於是我們甚少在教會內外聽到「公義的呼喊」！

延伸閱讀

張文亮著。《兄弟相愛撼山河：威伯福斯與克拉朋聯盟》。台北：校園，1997。

威伯福斯著。鄧英偉譯。《天地有正信：真正基督教挑戰文化基督教》。香港：浸信會，2008。

公義思考

一向以來，華人教會甚少以公義（或正義）原則，思考社會課題，美國主流教會牧者福布斯博士（Dr. James A. Forbes），提出十項「先知式公義」（prophetic justice）準則。讀者毋須同意每一點，但至少可作為思考公共事務背後的框架。

1 尋求公眾的善：此項政策反映的是社會整體的良善，抑或少數人的利益？
2 在事實與動機上要誠實：此項政策是否建基於事實的分析，並能披露真正的動機？能達成目的可能性有多大？
3 推動合一與包容：此項政策是否朝向減少社會的對立與分化？
4 關懷窮人：此項政策是否向窮人提供好消息？還是擴大貧富懸殊？
5 保護易受傷害的：此項政策對孩童、長者或殘疾人士而言，是否良好？
6 維護思想與討論自由：此項政策能否提供自由討論的空間，容許異議？
7 尊重別人：此項政策能否尊重別人或鄰國？
8 確保作受造的管家：此項政策是否支持環保與可持續發展？

9 珍惜四海一家：此項政策是否實踐良好的全球公民（global citizenship），尊重不同文化與國家？

10 支持生態（moral leadership）：此項政策是否保障生態責任與可持續發展？

當本港福音派教會，面對公眾而具爭議性課題，不作迴避，嘗試從聖經整理出公義的要求與原則。我們承認有些問題是沒有答案，如二〇一二年雙普選，或二〇一六年立法會普選等，但我們至少肯定功能議席的存在，有違政治公義的標準。同樣，不公義之事反映在環保與保育方面。在經濟條件豐裕的情況下，我們是否堅持「發展至上」而忽略了該承擔的地球責任？中產為主的本港教會，我們是否坐擁龐大的資產與現金，卻對貧富懸殊日深的現象推卸「管家」責任，袖手旁觀？

筆者不把所有責任怪在教會身上；但教會不能放棄的是宣講公義，只因公義是聖經的內容部分。當教牧忠心教導，在我們會眾當中，可能有一位是投身公共事務的威伯福斯。威伯福斯明白販賣奴隸違反聖經的公義，對國家是件不光采的事，經過二十年不懈的爭取，終於在一八〇七年三月廿五日成功通過英國船隻禁運奴隸法案。面對當時龐大的金錢利益，威伯福斯倡導的公義，肯定了人的尊嚴比物質重要。

公義的爭取從來不是說上幾句就一步到位的！

活出福音

不少學者與牧者論及當前福音派的嚴重危機，不在於教會模式，也不是有效的佈道策略，更不是能否在公共空間內佔有率提升，乃是我們能否培育「活出福音」質素的基督徒。

北美福音派已就此進行反省。一是宣稱福音信仰人士數目上升，但同時發現這些有重生宗教經驗的信徒，在世界觀與價值觀方面，與未信人士分別不大。生活方式的差異，只反映在多了宗教活動而已，或個人感覺有了信仰，身心與生活較以往更為健康。美國新興教會神學工作者麥拉倫（Brian McLaren）質疑：「既然基督徒如此重視聖經，為何他們在對待別人方面是這般低劣的？」另一位學者魏樂德（Dallas Willard）認為，問題的根源在於教會忽略了長期的靈命塑造或門訓，不少基督徒只淪為「功能化基督徒」，只知參與活動或事工，欠缺生命內涵。

回到本港處境，基督宗教一直在辦教育、社會服務等，佔有重要的比重；近年來不同教會團體也善用媒體，使信仰信息在不同渠道中更為流通。對大多港人而言，生活在如此密集型城市，要隔離所有來自基督教資訊，確實不是易事！畢竟，教會的臨在，無論是建築物、學校、電視台節目、報章或外牆廣告等，隨處可見；我們在宣講福音方面，成績還是不錯！

但當教會領袖只追求宗教市場佔有率、以市場學 ABC

（出席率／Attendance；物業／Buildings；現金／Cash）來量度成功指標，更以實用主義取代了神學思考，於是「教會被擄巴比倫」的悲劇不斷再版！筆者曾接觸不少委身宗教教育的牧者與學者們，異口同聲地表達：「當今華人教會不再重視宗教教育！」宗教教育的荒涼和式微，對教會的長遠發展，極為不利。當教會領袖只求增添「功能化基督徒」數量，信徒的功能簡化為「勤聚會、常奉獻、有事奉與傳福音」，其他生命質素就不要緊了；於是教會聚會人數增多了，但基督徒在社會的影響力卻在消退中。葛尼斯（Os Guinness）指出在歷史中產生莫大影響力的，不是人數眾多的教派；相反是那些認定召命，活出福音的個人或小群；「人多就有實力」從來不是教會的強項。

借用余達心牧師於某一研討會的發言：「因信稱義的貧乏只在於惟獨因信稱義」，忽略了全面檢視其它教義的配套；同樣地，當福音派只偏重宣講福音，卻忘了教導信徒要持久地活出福音，這也是福音派的貧乏！

延伸閱讀

魏樂德著。《神聖的約定》。台北：中國主日學協會，2007。
葛尼斯著。林以舜譯。《一生的聖召》。台北：校園，2004。

尊重異見

現今華人教會文化，特別是福音派領袖，能有如滕近輝、楊牧谷等胸襟的並不多見。有些時候，由於領袖對信仰理解的不足，形成心理的不安，於是不能容納任何異見，甚至視異見是權力的挑戰。有北美學者指出，不少反基督教的無神主義者或異端信仰者，其源頭發展部分正因為正統教會不能容得下有信徒的誠懇疑問，於是善意的求問，逐步演變為惡意的攻擊。

曾有學者提醒我們：神與聖經用不著我們維護；我們過度要維護信仰的正統，有時反而弄巧反拙，我們只是盡力為個人或群體的見解不斷抗辯。信仰有足夠空間接受異議，只是領袖的心理與面子不能明白「兼聽則明」的小道理。

神學始終有奧祕部分，非個人理性充分了解；任何神學詮釋或倫理討論，在具體內容上不一定有既定的答案或明確的信仰立場。維真學院教授侯士庭（Prof. James Houston）多年前指出，世上沒有所謂唯一的「基督徒世界觀」，有的是不同文化基督徒的不同視野與觀點。「自然教會發展」創辦人施瓦茨（Christian Schwarz）於南非舉行會議時分享道：「基督徒委身在種族隔離主義的敵對雙方，好像前南非白人總統博塔和主教杜圖，他們兩人每天閱讀聖經，可是，雙方卻從中得不到相同的結論。一些黑人甚至問道：『白人所擁有的聖經與我們所有的聖經是否同一本？』答案當然相同，只不過他們透過不同的眼鏡閱讀聖經。」

筆者愈來愈感受到，本港大多信徒受其堂會文化塑造，遠高於聖經本身或宗派傳統。正如有本港教牧或信徒，由於其中產與專業背景，也沒有心力接觸貧窮家庭，於是以其堂會世界作為外在世界，不認為社會貧富懸殊嚴重，不認為教會要關注扶貧事工。我們很多時候不自覺地戴上了形形色色眼鏡，來觀看外在的世界。

神學工作者沃弗（Miroslav Volf）提出：「沒有擁抱異見，就沒有公義。」正因為身處多元社會之內，基督新教從來不是齊一的；我們要對公義有「教會共識」，就要有空間容納異見；而要塑造此神聖空間，我們必須擁抱持異見的他者。沃弗看公義之內必不可少的就是擁抱的容量。

教會領袖要有容乃大，放下面子，承認個人見解有時也有偏差，別人意見能幫你從多角度思考；而惟有我們樂意聆聽，虛心學習，我們根本無畏無懼任何不同聲音。倘若神也容得下，我們何須枉作小人？

延伸閱讀

施瓦茨（Christian Schwarz）《生命添色彩》。香港：香港教會更新運動，2008年5月。

信仰代溝

因皇后碼頭清拆一事，激發新一輪討論。梁文道寫了一封公開信予林鄭月娥局長，論述「時間站在我們這邊」，表達了兩代人就政治與文化方面見解的代溝。胡恩威則看「後皇后時期的香港政治」，表達「政策政治」取代了過往的「政治道德」。而林沛理於同一期的《亞洲週刊》則不以為然，貶之為「保衛皇后的神話」。皇后碼頭成了本土文化與社運的「圖像」（icon），各人按其想像力發揮，從而取得其話語權，怎樣命名，事件就怎樣呈現了！

筆者看類似的信仰代溝，在教會之內更多的是！就《時代論壇》網上版與印刷版正反映著兩個不同讀者群，印刷版是較年長的，而網上版的是更年輕與更有活力；倘若再把《時代論壇》與另一份教內報刊比較，則不難發現因著文化與價值不同，信仰代溝更為嚴重！筆者有幸在這兩份報刊定期撰稿，有友人奇怪為何文筆風格如此不同，答案是：「橘生淮南則為橘，生於淮北則為枳，葉徒相似，其實味不同，所以然者何，水土異也。」（《晏子春秋．內篇雜下》）我們須要正視信仰代溝，就是敢於面對同一個信仰下存在的多元論述；而神學的建構不是以某位教會領導人的言論為定奪！

正如筆者主領團隊工作坊時，常標榜健康團隊的特性之一是擁抱衝突，彼此見解差異正好幫助我們多角度地探討問題。但在若干教會文化裡，善意的提問可能詮釋為「冒犯權威」，而任何理性探討則定性為「破壞合一的爭議」，於是凡事均以「顧全大局」為名，異議本身就被視為對當權者的挑戰！

林鄭月娥與梁文道，反映兩代人對公共事物的迥別理解。倘若常理所言：「真理愈辯愈明」，敢於與異見者平心靜氣地對話，也未嘗不是心思的演練！本港教會的硬件發展正像崛起的中國一樣，堂會建築與節目製作均「愈做愈大」；然而筆者認為更健康的整體成長，就是軟件與硬件能彼此兼容，而非互相排斥。華人教會文化之更新步伐，是舉步維艱或是勇往直前，就要看我們如何透過正反較量，磨合出來？

信仰代溝表達不同世代的教牧或信徒，各有其信仰價值的取向；倘若教內不能提供空間，讓不同意見互換而為小共識，本港福音派只能產生「獨大而不能與人共事」的小教主，而任何合一的論述只是「合我為一」的謊言！

基督方式

現今，追求成功的心態正影響著本港教會生態，而教會失掉的是以基督的方式來作基督之工。筆者在教會圈子確實目睹愈來愈多「奉主之名、失主之實」的事工作風，而值得正視的是我們怎樣作工，同樣也是福音的見證。

有主內同工為求廣傳福音，認為只要達成目標，用甚麼方式也不要緊吧！筆者仍然深信基督昔日如何拒絕「非基督」（unchristian）方式來達成使命（太四1-10），教會同樣應以「基督方式」作工。就以機構籌款為例，筆者任職之機構為辦公室裝修與設施籌款數十萬元；我們就如實地以此區區小數，向外界作出呼籲。有同工稀奇我們為何這般「老實」，應作大數目，報價二百萬或千萬，方能引人注目，達致實質目標。但筆者堅持「基督方式」，講求誠實而非虛假。

倘若機構財務出現困難，作為機構負責同工，首要考慮應是員工支薪的現實需要；按「基督方式」則不能反其道而行，只大力拓展事工而不理員工的生活。「基督方式」不一定是鋪天蓋地的宣傳攻勢，或別出心裁的噱頭活動，或勞師動眾的大型事工；它「不喧嚷，不揚聲」，「憑真實將公理傳開」（賽四十二3）。

「基督方式」就是接納某個單位（堂會、機構、差會、神學院等）在整體之內有其位置，而某部分之獨大或急促發展不一定對全身帶來好處；有時反會使其它部分負荷不來，呈現畸型的發展。「基督方式」教導我們要放下一己私心，學習恰如其分作主之工。在基督裡，我們要提升的是整體的水平，並非個別的成就！

華理克牧師令人敬佩地方，在於他身體力行「基督方式」在個人生活之內；北美若干「名牧」名聲還不及他，卻享有私用飛機、私用遊艇，出入還有身旁的侍從及保鏢等。照理，華理克牧師透過《標竿人生》一書版稅，有可觀收入，應有風光的生活；但他仍駕駛其原本型號的汽車，過其簡樸生活。華理克牧師明白「基督方式」不是憑借本人實力，盡取一切，歸為己用；反是慷慨施予，與人分享基督之道。

正因為我們失掉了「基督方式」，於是教會內好大喜功、盡取所有之領袖大不乏人。惟有我們回歸「基督方式」，才顯明我們是崛起的教會，偉大在於「以基督方式來作基督之工」，而非如張藝謀執導之影片《滿城盡帶黃金甲》，被譽為中國電影史上最昂貴的影片，卻是劣評如潮！

延伸閱讀

華理克著。楊高俐理譯。《標竿人生：建造目的導向的人生》。Paradise, PA: 基督使者協會，2003。

理性失落

筆者愈來愈強烈地感受到，當前本港教會生態的危機之一，是理性思考之失落。

看看大多信徒喜愛的聚會課題與形式、閱讀基督教書本的類型，甚至報讀神學課程之科目，大致反映信徒喜愛的是了解個人性格形態、醫治個人成長的傷痛、走出抑鬱、如何達致婚姻美滿等。筆者不反對上述內容的適切性，而任職的機構也舉辦與這些題目相關的聚會或課程，問題是只顧遷就信徒口味，長遠形成是「浮淺——媚俗」的惡性循環。

更令筆者憂心的是不同聚會中，肯提問的教牧或信徒愈來愈少。為何與會者不敢提問？是否華人教會塑造了某種信賴專家或聽從權威的文化？是否異見不能兼容？當教牧或信徒害怕發問、害怕質疑，很可能我們已失去了庇哩亞教會的理性辨別力，他們「考查聖經，要曉得這道是與不是」（徒十七11）！

按照宗教心理學者馮勒（James Fowler）的「信仰發展階段」學説，信徒要經過「綜合・俗成式信仰」期（Synthetic–Conventional Faith），作出假想，發出假設性問題，能夠察覺與了解別人的觀點；才發展為成熟的「個人・反省式信仰」（Individuative–Reflective Faith）。理性思考在信仰佔有重要的位置，而信仰的成長涉及「尋索式信仰」（searching faith）階段，信徒敢以理性檢視身內外一切事物，提出質疑，從而發展「確有式信仰」（owned faith）。

筆者關注的是本港大多堂會偏向感性與關係性發展（這些肯定是重要），卻不鼓勵信徒理性思考，只要求信徒聽話順服，於是我們生產了一大堆「徒有熱心、心思不足」的信徒。此現況在小組化與泛靈恩教會尤為明顯，因為小組聚會與事工發展容不下太多理性的討論，而任何質疑均可能被定性為「不服從屬靈權柄」的舉動！

就以政制發展為例，堂會不能簡化地以政教分離為藉口而置身事外，堂會毋須表態支持二〇一二年雙普選，卻可鼓勵信徒以公民身分，就《政制綠皮書》表達個人意見。堂會可安排辯論或論壇，由信徒扮作不同角色，表達多元立場；透過某些關注的課題，提供理性思考的平台，才能深化心思的水平。

當華人教會由馬禮遜發展至知識型社會，本港教會倘若沿用奮興式佈道為主要論述，卻不鼓勵信徒要盡用心思愛上帝，我們將無力面對 Richard Dawkins或李天命等知識分子對信仰的批判。

是時候，本港教會要告別教條主義與唯情主義！

延伸閱讀

Fowler, James W. and Karl Ernst Nipkow and Friedrich Schweitzer. *Stages of Faith and Religious Development: Implications for Chruch, Education and Society*. London: SCM, 1991.

三思而行

華人教會在思考方面的不足，也涉及我們到底如何思考。

在教會文化中，常見的論述是當堂會人數衰退時，教會領袖簡化地定性問題在於信徒失掉傳福音的動力；對策就是多辦佈道會。要多些新人返教會，教會就要推動及激勵信徒邀請未信親友參加佈道會；但信徒已對此等佈道會興趣不大，故此教會領袖又要搞不少聚會來刺激信徒傳福音。結果如何，很可能經過一輪忙亂之後，作事後檢討，教會領袖又重申論述，堂會信徒佈道熱誠不足，才使我們的佈道事工徒勞無功！

筆者初出道時，正抱著上述「線性思考」，凡事只簡化地直思因果關係，因而作出若干陳義過高的論述：「不傳福音是不愛主的表現！」、「愛教會的，必要委身事奉！」經過不少失敗帶來的教訓，我逐漸醒覺原因不在信徒身上，倒是教牧思考的偏差，造成信徒傳福音的困局。聖吉（Peter Senge）於其巨著《第五項修煉》指出：「因與果在時空上並不緊密相連。」

教會領袖處理問題時，我們缺少了另類的三「思」：宏思、逆思與妙思。

宏思指向系統思考。牧者要明白教會生態與知識型社會帶來工作性質的改變，工時過長已使不少信徒身陷困境，同時兼顧教會、家庭與職業的張力。大多信徒在時間的拉扯下，通常割掉的是與未信親友的交往時間。當我們只有微思而乏宏思，造成的後果是信徒忙碌於參與各項聚會，惟獨沒空與未信親友建立關係，少了關係的佈道成果有多大，也不用多說了！二○○三年沙士（SARS）事件，正好說明教會內部活動不忙碌時，可釋放信徒更大動力，建立關愛社群的關係，而《二○○四香港基督教教會普查》反映是中年人士返教會的數目有明確的上升。

教會領袖多習慣單向的直思，逆向思考是肯多走一步，從相反角度對構思作出批判。筆者有幸參與神學院、機構、差會與堂會等決策層，看自己的角色是「逆思的異議者」，敢於不看情面表達己見，又樂意尊重大多數的取向。當決策者不事先作好逆思的功夫，待政策出台後遇見異議，很可能是盡顯防衛機能，這是筆者不欲常見的現象。

妙思（或為謬思，也可看為胡思亂想），源自希臘神話之創作女神Muses，表達創意思考，這方面我們更顯不足！妙思本身可能在華人教會文化中被定性為不合道統的。筆者認為適當的妙思，可帶來創新性思維；而我在機構的事奉中不斷引入新的事工、新的做法；即或有失敗，這些嘗試只是「實驗」（借用華理克牧師說法）而已！當本港教會有此三思而後行，將會提升華人教會整體的素質。

延伸閱讀

彼得聖吉著。郭進隆譯。《第五項修煉：學習型組織的藝術與實務》。台北：天下文化，1994。

不一致性

華人教會文化積存了若干不合信仰價值，又揮之不去的行為型態，其中最明顯的是「不一致性」。「不一致性」猶如會議室內的大象，人人皆見此龐然大物，但沒有人敢質疑或提問，因為這大象乃是房間中人的禁忌話題，還是不說為妙！

正因為我們不少教會領袖屈服於或習慣了「不一致性」，於是很多表裡不一的現象，我們輕易地以各樣藉口合理化這些不一致的落差。「講就天下無敵，做就有心無力」成了不少教會中人的寫照，更可怕的是我們漸漸地認同了這些落差是理所當然的。

筆者承認「已濟」與「未濟」兩者夾縫帶來信仰的張力，而今世的完全成聖頂多是追求的目標，而非現實中人人達致的境界。筆者體會教會文化的「不一致性」，就是有領袖明知問題存在，卻裝作不見，不去處理；待事情鬧大了，又會明哲保身，與當事人劃清界線。愈是真性情的人，不習慣這些虛有其表的文化，可能感受愈痛苦。

當有心人抱赤子之心，嘗試為神國作些服事，需要適應的不是外面世界的明刀明槍，倒是教會文化的「不一致性」。有某事工負責人興高采烈分享，其事工得到了某些教牧與堂會支持；筆者勸告同工：「不要高興得太快！」第一，這些名義上的支持與參與，只反映華人教會文化的「說說而已」，因為我們的教會文化從來不會對任何有意義或意義不大的事工說「不」！其次，教會領袖對組織文化的「不一致性」早已習以為常，所謂支持，說穿了，即是「我支持，你去做；我不反對你去做；至於人力物力的實質支持，這恐怕我們堂會行事曆或財務預算未能支持了！」

筆者參與公共事務，如反賭、扶貧等，又或一些聯合事工，正是與「不一致性」抗爭的過程。聖經肯定「傳福音給貧窮的人」（路四18，《和合本修訂版》），但本港教會整體在扶貧或傳福音給貧窮人的事上，確實講多於做。新約反映，耶穌斥責貪婪多於淫亂，我們對貪婪之罪有否予以批評？向那些醉心於股票或投資市場的信徒，有否提出聖經的忠告？

福音派一方面批判別人信奉「財富與健康版」福音，另一方面又容許我們信徒追求現世的財富與健康。倘若我們肯承認這些嚴重的落差正侵吞我們的福音，敢於正視這些「不一致性」，我們才能向世人呈現可信可服的福音！

「器」大「道」小

法國基督徒學者以祿（Jacques Ellul，或譯積依路），於一九五四年寫了《科技社會》（*The Technological Society*），英譯本於一九六四年面世，而中譯本相信較難出版。

隔了五十年，也許有人認為以祿對科技（Technique）過分負面，科技確實有助改善生活的質素。但以祿要我們提防「科技全權化」的忠告，仍是當今信徒要思考的。

筆者看技術主義，代表著「器」文化，正宰制著本港教會；而教會事工（泛指堂會、機構、神學院與差會等）已逐漸器具化，而非聖道化的發展。當「器」文化不斷自我擴展，無論差傳、植堂、佈道、祈禱、敬拜、靈性培育等事工，要講求數量與效率，或由市場定奪了其發展的主次，於是教會事工要夠大、夠多方為成功。教會事工不再關注「道」的深化有多少，卻是包裝如何？投資與宣傳多大？入座率多少？

當教會領袖全盤信奉市場定律高過聖道原則、技術優先於內容、迎合消費者重要過要求信徒付代價，帶來是更多靈命浮淺的宗教消費者。倘若教會領袖仍顧數目的增長，事工開拓只為擴展本身版圖，實用主義成了主導一切事工的金科玉律；筆者預見的是「去道化」的教會，而掏空了內容的教會，還能向世人展示些甚麼？

崇拜的「去道化」，在於不少教牧與信徒對「道」失掉信心，錯誤以為只要崇拜場地有所改善，設施現代化與科技化了，採用了PowerPoint或影像媒體，就能吸引更多會眾了。

曾倡導北美新穎敬拜潮流的摩根塔娜（Sally Morgenthaler），已公開向「科技式敬拜」模式告別。她感受所謂「更新的敬拜」已受「器」的操控而失掉真實，在程序主導一切之下，創意只在於「器」或形式的革新，而非崇拜者的心靈更新。當受眾適應了技術營造的「虛擬靈性」，卻不是真實地與神相遇，徒有形式而內容浮淺的敬拜，其耐用性可想而知。

面對科技世界的宰制，「器」文化的無孔不入，我們需要虛心聆聽以祿的先知言語，力抗「器」的全權化，讓「道」有其成長的空間。

延伸閱讀

Ellul, Jacques. *The Technological Society*. New York: Vintage, 1964.

Sally Morgenthaler, *Worship Evangelism*. Grand Rapids: Zondervan, 1999.

三、政治世界

「政治」世界

入世信徒明白人世間沒有理想的政治烏托邦，而天堂裡也毋須有任何完善的政改方案，無論曾蔭權或劉慧卿等均尋找不著。「上帝的政治」（借用華理士的書名*God's Politics*）看來只適用於俗世塵土。

就政治的思考，信徒容易停留於「政教分離」關係的層面，從這方面引發的討論，往往是主張「政教分離」仍不參與，而相反的也是有限參與。筆者發現在不少討論當中，論者含混地採用國父孫中山對政治最寬大的定義：「政就是眾人的事，治就是管理，管理眾人的事便是政治。」由此觀點看，「眾人的事」包括朱培慶事件、保存皇后碼頭、山西黑窰事件等，而不獨是反對賭博及反對同性婚姻等議題。

筆者嘗試理解政治世界有三個向度：分別是權力分配（Power）、政策制定（Policy）與城市民生（Polis／People）。這三者關係重疊互通，相依共生，也有其特定的重點。限於篇幅，筆者這裡只就權力分配，胡言一番！

從權力分配角度看，政治涉及政府或領導人的權力，而教會的角色向來不是挑戰政府或領導人權力的合法性；教會一般教導信徒要順服政權（羅十三1-7），不會煽動人民要推翻政府或訴諸革命。韋伯看政治是關乎「政權的領導，或循此方向的影響力」，而政治參與是人們透過參與，在統治者與被統治者的互動過程，達成政治權力的重新分配。

聖經沒有明言哪種政治體系或管治方式才是上帝授權，然而我們可透過想像力與理性討論，建構較接近公義的權力分配。本港教會可提供中立平台，讓信徒就政制發展、民主進程、直選或間選、選區組別或功能組別，交換意見，並不違反政教分離原則。教會鼓勵信徒自行或聯同志同道合者就《政制綠皮書》表達個人取向，也是履行入世子民的使命。

信仰群體要實踐侯活士（Stanley Hauerwas）所言，成為「說出真理」（Tell the Truth）及「活出真理」（Live the Truth）的天國子民。我們肯定所有權力來自神，而任何把統治權力絕對化，或聲稱「權在我手，多少由我給予」的言論，皆在真理面前站不住腳。教會從來不是政治組織或壓力團體，沒有任何政治野心，也不依附政治權勢來推廣福音。

教會不能採用世間權術（如美國有福音派教會動員信徒投票支持共和黨，為要反墮胎及同性婚姻），來成就或交換天國倫理。正因教會本質的超世性，我們時常察覺本身不是處於權力較重的一方，也不謀取權力擴展；要平衡權力不均而偏向較弱的一方，並確保任何權力分配遊戲均依法執行。

延伸閱讀

Stanley Hauerwas, *Performing the Faith: Bonhoeffer and the Practice of Nonviolence*. Grand Rapids: Brazos Press, 2004.

公共參與

筆者於上篇嘗試從三個向度理解政教關係：分別為權力分配（Power）、政策制定（Policy）與城市民生（Polis／People）。一般華人教會對權力存有先入為主的負面看法，認為政治是污穢的，正因為在權力的較量中涉及權謀、妥協、民意及宣傳等。

《二〇〇四年香港基督教教會普查》反映，本港教會在政策制定方面，由過往的「甚少參與」轉為「有限度參與」。當教會在公共事務中有任何程度的參與（engagement），就會理解為政治參與，因為政治正是不同人等進行集體決策的過程，而團體或個人的價值往往反映於政策的內容。過去十年來，本港教會就賭波合法化、《基本法》廿三條、性傾向歧視、「校本條例」等，有向公眾表達教會對若干政策的立場或意見。

政治又涉及城市民生，多元社群有不同的價值取向；基督徒作為「少數派」，教會如何表達本身的信仰價值，又能尊重其它社群的價值？福音派教會在若干公共倫理課題，如反賭、反色情、反同性婚姻等，有較為一致而明確的立場；然而就最低工資、最高工時、醫療融資、政改方案、扶貧行動等教內已難有共識，而教外更莫衷一是。當若干公共課題本身具爭議性，信仰只提供了思考方向，而不是具體條文，因此大多教會自然地理解課題「過分政治化」，來迴避公共參與。

從堂會關注的公共課題來看，大多偏重私德而輕公義，這是大勢所趨。固然，教會不能事事關注，但也不能「選擇性關注」（只從本身利益出發，而不是從真理而來的信念。）筆者接受信仰群體由關注私德開始，但信仰不應局限於私德，更要兼重公義。

我們更要反省公共參與的方式，不能抄襲世俗方式進行「天國政治」。尼布爾提醒我們「參與的諷刺」：德行因著本身缺失，有可能成為惡行；展示力量倒頭來成為展示虛空而有的軟弱；安穩成為不安，只因過分依附所造成；這一切正說明智慧為何成為愚拙，皆出於我們不知有所止。

當「少數派」要結集力量，登報聲明，影響政策，在外人眼中，我們就成為「發言的大多數」，而我們的行動又可能理解為欺壓另一群少數派的力量，從而激化彼此之間的矛盾。如何以天國方式實踐人間政治，這課題有待深化討論。

回歸十年

二〇〇七年本港回歸十年，政府與民間紛紛舉行不同活動，慶賀七一這個值得記念的日子。曾幾何時，九七回歸問題是不少港人（包括教牧與信徒在內）心裡莫名的恐懼。

倘若有人花功夫對比九七前後教會領袖的言論，筆者相信當中誤差不少。筆者曾於九七年二月撰文〈超越九七的虛空〉（《時代論壇》第四九五期），形容本港教會患上「九七前過度亢奮症」，「太多的事前準備，未雨綢繆，而待時機一到，卻已疲態畢露，無力招架？」

教會對九七問題有適當關注，乃是合宜的；然而九七回歸一旦「炒熱」，過度關注，帶來的後果是更多教牧與信徒心中的不安，選擇移民異鄉。這些因九七而溜走的教會人才，不少是專業人士，他們的選擇是對或錯，筆者沒權判斷，只有歷史的主可作公正的判斷。即或作錯了決定，哪又如何？可能真是一項人為錯誤，卻行在全權之神的引導之中，錯有錯著！筆者認為，倒是教會領袖要負更重的責任，因其對前景描述的悲暗言論，導致有信徒對九七前途感到不安而移民出走似乎是唯一的出路了！

筆者於九七年牧養元朗區一間宣道會堂會，曾於九四年教會刊物寫了一篇〈面對九七的轉變〉，文中分享：「我對九七後前景，談不上悲觀（若是悲觀的話，大可留在加拿大），亦說不上樂觀（我不相信屆時真能落實港人治港）。」如今翻看昔日兩篇談論九七舊文，筆者面對特區時代曾特首領導的另一個五年，情懷依然是平常心面對。

過往十年，特區政府急於處理的事務甚多，如金融危機、負資產、SARS（沙士事件）、《基本法》第廿三條、教育改革與政制發展等，宗教議題從來不是政府要插手介入。九七後本港教會繼續享有宗教自由；無論舉辦大型佈道會、報章或電視媒體宣傳信仰資訊、提供社會服務等，教會只要依法申辦便可。

回歸後，本港教會如何定位其身分與角色？較可惜是這方面的討論與反思不多，現實是不同宗派與機構急於開拓「國內市場」。當教會不清楚本身定位與使命，不在實踐過程中進行反思，盲目地跟風，很可能是「好心做壞事」！

教會怎樣看待本身與政權的關係？教內聚會或慶典為何必要邀請國內官員主禮或致詞？筆者不反對與內地官員有所交往，也接受邀請往內地交流，只是就筆者觀察，近年來宗教聚會愈來愈有中國特色；究竟界線如何，這是值得各方探討的。筆者憂心的，倒是那些「不談政治」的教會團體，其肢體語言卻是愈來愈有政治味道了！

或左或右

美國著名牧師傑瑞科威爾（Jerry Falwell）於五月中因心臟病發逝世，他的死訊在北美廣受報道。終年七十三歲的科威爾，其保守而立場鮮明的立場，使他在公共事務的發言被視為基督教右派的代言人。無疑，科威爾正是一位令人愛恨分明的公眾人物。華理克牧師高度評價他為二十世紀美國教會的巨人之一，而在信仰與政治課題方面意見相反的華理士（Jim Wallis）同樣肯定科威爾對信仰的貢獻，就是熱切地把信仰投回公共空間裡。

北美教會的倫理思考，有所謂「左」「右」之爭：基督教右派在立場上靠近共和黨，而基督教左派則貼近自由黨。基督教右派之著名教會領袖，有愛家協會的杜布森（James Dobson）、監獄團契的高爾生（Chuck Colson）及科威爾等，倫理立場是反墮胎、反同性婚姻、反對幹細胞移植等；而基督教左派領袖則有華理士、甘普路（Tony Campolo）與麥拉倫（Brian McLaren）等，積極倡導公義與扶貧、反伊拉克戰爭、關注愛滋病與全球暖化等。近年來，一些福音派領袖已察覺福音信仰不必是基督教右派，上帝不是永遠站在共和黨的道德立場。

本港教會生態一向不存在美式基督教的左右之爭，那些照搬北美教會意識型態的，往往誤把馮京作馬涼。筆者的倫理立場有傾右的反墮胎、反同性婚姻、反賭，也有傾左的倡導公義與扶貧、反戰、關注愛滋病與全球暖化等。當然，教牧或堂會不可能事事關心，筆者也是一樣；不同公共課題自有程度不一的個人或堂會參與。

教會在公共課題上，須承認有限性與接納差異性，即教會領袖對時事的意見，不一定是正確，也有犯錯的可能。科威爾之受人爭議，正因他曾評論九一一事件是上帝對同性戀者與支持墮胎者的審判；他發現失言之後，為此向公眾作出道歉。

基本上，教牧就公共課題的發言，其見解與一般信徒無異，不存在發言者本身位置的優越性。就以監察賭風聯盟為例，筆者發言的身分是此組織的召集人，而牧師身分是其次；我對賭博政策的意見肯定不是絕對的真理。監察賭風聯盟內也有非基督徒，他們一些見解可能較我更佳，信仰只為基督徒提供了判斷的原則和參與的動力。

延伸閱讀

Robert Lanham, *Sinner's Guide To The Evangelical Right*. New York: New American Library, 2006.

激發使命

一套有關威伯福斯（William Wilberforce）的影片《奇異恩典》（*Amazing Grace*）在本港上映，值得信徒觀看，並反思信仰如何具體落實公共空間之內。

筆者身為教牧，倒對約翰紐頓（John Newton）的角色，興趣更大；他不只是著名聖詩《奇異恩典》的作者而已，他更是一位「使命領袖」。威伯福斯廿一歲晉身英國國會，一七八五年（廿五歲）經歷靈性更新，投身宣教行列，他錯誤認為屬靈事物比屬世之事重要得多。威伯福斯走訪紐頓，紐頓就勸阻他不要離開國會，紐頓寫信向威伯福斯說：「上帝是為了國家的益處而高舉你。」經過禱告與思考後，威伯福斯決心留在國會，從而開展了廢除奴隸販賣的立法過程。

一七八七年，威伯福斯在日記這樣寫：「全能的神在我面前放下兩個偉大的目標：禁止奴隸交易，以及移風易俗。」（《一生的聖召》，50頁）威伯福斯對社會公義的深遠貢獻，正源自一位細心聆聽、柔和近人的牧者紐頓，從而使威伯福斯堅守其奮鬥的使命。從此角度看，教牧不一定要具備一套發展堂會的使命，他／她卻可以裝備信徒，認定其召命，從而進入公共空間中，落實使命。

紐頓是一位樂於接觸人，與人分享基督恩典的牧者；他的「慣性溫柔」（habitual tenderness）吸引了不少人喜歡與他往來。著名聖詩作者顧柏（William Cowper）患有嚴重抑鬱病，曾有三次自殺企圖，而紐頓的家常為顧柏開放，顧柏曾有十四個月長住在紐頓府中。後來，紐頓更鼓勵顧柏合編了一本聖詩集。紐頓從來不愛標榜個人，只默默地服事，透過他的鼓勵，顧柏、威伯福斯與亨利馬廷等人，分別在藝術、政治與宣教，找到位置，發揮使命。

紐頓認識若干人才留在政界，較留在堂會更能彰顯基督的臨在，這是華人教會領袖要學效的。可惜的是我們憂心過重，懼怕演藝界、政界、商界或傳媒界吞噬了人才，基督徒不宜留在其中，卻忘掉了主的教導：愈是黑暗地方，愈需要光的臨在（太五13-16）。

選舉即將開始，堂會教牧可鼓勵有心志信徒參選；透過地方選舉，表達對社區生活改善的承擔。教會在政治人才的培育與磨練，也有其不可少的貢獻。

延伸閱讀

葛尼斯著。林以舜譯。《一生的聖召》。台北：校園，2004。

南京見證

二〇〇七年十二月十三日為南京大屠殺七十週年的紀念日子。本港也有珍貴紀錄片《南京說》播放，筆者看時，也深受感動。本港如要強化國民教育，就要全面認知國共內戰至抗戰，再由人民共和國成立至今，了解歷史真相，更確認國民身分。

直至今天，日本政府仍然缺乏認真面對歷史的勇氣，甚至罔顧史實，竄改歷史教科書，否認侵華的客觀事實，如否認慰安婦、南京大屠殺等。日本新一代，失掉了完整的歷史記憶，又受愛國主義薰陶，美化了過往的歷史，看日人為「原爆」的受害者，卻忘掉了本身是七七事變、南京大屠殺等事件的加害者！

《南京說》客觀地反映南京大屠殺的暴行，而當時身在南京的宣教士、教授與商人等，建立了南京安全區國際委員會，主席為約翰拉貝。他雖是一名納粹黨員，當時為日本盟友；卻本著良知，救助了不少國民。死後出版的《拉貝日記》，為日軍暴行的忠實報道。

委員會另一位成員約翰馬吉為美國聖公會宣教士，期間在南京的道勝堂教會工作。馬吉牧師參與救助當地難民，並拍攝了日本軍人屠殺國人的紀錄片。他於一九三七年十二月十九日記下：「過去一個星期的恐怖是我從未經歷過的。我做夢也沒有想過日本兵是如此的野蠻。這是屠殺、強姦的一週。我想人類歷史上已有很長時間沒有發生過如此殘暴的事了，只有當年土耳其人對亞美尼亞人的大屠殺可以與之比擬。日本兵不僅屠殺他們能找到的所有俘虜，而且大量殺害了不同年齡的平民百姓。」（《馬吉日記》）

以教育作傳教的明妮魏特琳，於危難期間不離不棄，留守金陵女子文理學院，照顧學生及尋求庇護的難民。災難確實過於人所能承受的，魏特琳返美後，不幸地因心靈負荷不來而自殺。她寫給友人的信函，也是此段往事的見證。還有美國聖公會宣教士歐內斯特福斯特，於南京聖保羅聖公會教會服務，積極參與救濟和保護難民的工作。他拍攝的照片，也成為重要的歷史見證。

這些身在南京的外國基督徒，超越本身政治利益，忠實地對如斯慘無人道的惡行，留下了實錄，這就是可貴的歷史見證。見證不止是聚會時段的講論，更是透過不同形式（日記、信函、相片及影片等），流傳下來。歷史的見證，從來不是講究包裝，或是完美無瑕；真正的見證，乃是在需要之時彰顯基督的臨在。約翰拉貝與魏特琳等，有個人的軟弱，晚景也不令人欣羨；然而他／她偉大的地方就是在需要之時，作一個好撒馬利亞人。

延伸閱讀

史志偉等編導。香港電台電視部製作。《南京說．大屠殺七十年》。錄像光碟。共分三集於2007年11月~12月於無線電視台播映。

約翰拉貝著。《拉貝日記》。南京：江蘇人民，1997。

變幻莫測

轉眼〇七年過去，我們將面對變幻莫測的〇八年。正如格林斯潘的著作《我們的新世界》（*The Age of Turbulence*），也許原著英文名稱更能反映時代面貌，就是「動盪的年代」。

美國次按問題的嚴重性，最近才陸續呈現；而美國經濟的衰退會否導致全球市場的萎縮，這是無人能預知的。本港股市於過去一年大上大落，升跌一千點是等閒事。本港經濟發展是否只靠背向祖國，仰賴資金自由行來刺激金融地產市道？

進入〇八年，中國人最關注的自然是八月舉行的奧運會，此項國際文化康體活動代表國家「走出去」的和平崛起，大國興起的象徵意義。從各方面看，如提升國民的文化質素、英語水平、體育水平等，皆是值得我們肯定的。中國愈多與世界交流互動，愈帶來本身的轉變，此項歷史定律是必然的，而筆者肯定變革一啟動，方向是不會返轉頭的！

除了奧運之外，台灣三月廿二日舉行總統選舉，也是值得關注的；這一回馬英九能否成功取代民進黨執政，而民進黨為了延續其政權，又會做出哪些刺激兩岸關係的行動，這是要提防的。俄羅斯於三月二日舉行總統選舉，莫測高深的風雲人物普京，他隨後擔任總理會否架空未來總統之權力，這是未知之數。

回到本港，九月舉行第四屆立法會選舉，泛民派能取得多少席位？民主普選的政治議題能否取得選票？中央如何部署及協調建制派參選的策略？基督徒如何選擇投票？是否只就「單一議題」（如同性婚姻、賭博等）作投票的準則？看來，基督徒群體面對立法會選舉，又有一番討論了。

更令人矚目的，將是十一月四日的美國總統選舉；屆時布殊的共和黨有可能失掉領導位置，出兵攻打伊拉克成為負資產；今年英國與澳洲，政府的更換，正反映民心所向。究竟美國會否出現第一位女性總統（或黑人總統，或摩門教總統），我們要拭目以待。

另一項不可忽略的挑戰，就是全球氣候轉變，將帶來不同族裔之間衝突升溫，因為自然資源的匱乏，不同利益集團要爭奪資源，必帶來更大的衝突與戰爭。生態危機影響我們的未來，而政治及經濟因素也是充滿變數。即或天變地動（詩四十六2-3），對基督徒而言，我們仍堅信「萬軍之耶和華與我們同在；雅各的神是我們的避難所」（詩四十六7），存著信心向前！

延伸閱讀

格林斯潘著。林茂昌譯。《我們的新世界》。台北：大塊文化，2007。

政治和解

華人政治文化對「和解」不存好感，視為弱者表現，或某方的妥協。本港的政治論述同樣看「政治和解」可免則免，只會兩面不討好，流失堅定支持者的選票。

前紐約協和神學院院長 Dr. Donald W. Shriver 寫了一本書《給予敵人的倫理：政治的寬恕》，談論的正是政治方面的和解。倘若政治涉及不同利益之間的談判，如何時普選（二〇一二年或二〇二〇年普選），或怎樣普選（立法會功能議席存廢問題、特首選舉之門檻等），在現實政治的暴力下，原要透過政治方式解決分歧（談判、協商等），卻演變為誓不兩立的對立政治。Shriver看語言暴力是「偽政治」的表現，而「真政治」不可少的就是寬恕；他引用漢娜阿倫特（Hannah Arendt）來説明，寬恕正是達成社會變革的行動之一。

就本港目前的政治生態，政治和解是政治不正確的，任何倡導者可能被另一方視為妥協者、背叛者或轉軚者。信仰群體對政治的貢獻就是神學工作者沃弗（Miroslav Volf）於《擁抱神學》倡導的「雙重視野」，就是兼備尋求公義與擁抱他者的行動。

本港有六成市民支持儘快落實雙普選，其中一半堅定要求二〇一二年，另外一半則二〇二〇年也可接受。既然民主普選是大多港人接受的價值，只堅持一己的時間表或路線圖，不能達成共識，淪為意氣之爭，不能推進公民社會向前走。

Shriver 與沃弗兩位神學工作者的見解，也許值得我們思考。成熟的政治，不應成為權力鬥爭或「漢賊不兩立」的敵我矛盾。我們承認人性的自私、平庸、驕傲、貪婪，導致政治暴力（如族群仇恨或屠殺、政治迫害等），邪惡的行為需要記念（如南京大屠殺、六四事件等）。我們不單未敢遺忘，更要實話實説地予以道德判斷。受害者（如泛民派）要學習克制與寬恕，不作任何報復行動，更要對敵人有同理心，而最終能更新正向的關係。Shriver看這五樣美德：記念邪惡、道德判斷、寬恕敵人、同理之心、更新關係，正是政治和解所包涵的。

當有政客或社會運動家自以為義，拒絕和解，帶來的是動機猜測、互不信任、死不退讓，受害的是整體社會。Shriver看只有寬恕，人類的政治才有盼望；即或我們仍活在罪中，我們仍然可以重新成為他者的鄰舍。拒絕和解，就是不能擁抱異己，這算不上是「上帝的政治」？

延伸閱讀

Shriver, Donald W. *An Ethic for Enemies: Forgiveness in Politics*. New York: Oxford University, 1995.

寬恕文化

前任維真學院院長韋和達博士（Dr. Walter Wright）曾說：「領導的危機，我相信其實是寬恕的危機！」華人教會組織總是期望領袖是天生的，在領導上是完美的聖人，是從不犯錯的；正因為組織文化只講而不實行寬恕，於是我們領導層職位常常出缺。

華人教會要培育更多下一代新領袖，就要打破「領袖不犯錯」的迷思；教會生態可容許領袖嘗試創新而犯的小錯，不輕易因領袖犯錯而要求對方離場，並重新塑造組織文化內的寬宏大量。

北宋時期，因舊勢力反對變法而失敗的王安石，坦然以詩表明心志：「風吹屋簷瓦，瓦墜破我頭，我不恨此瓦，此瓦不自由。」王安石了解打到他的頭不是瓦的過錯，是風的緣故，所以他毋須怨恨朝中反對改革的傳統勢力。在領導堂會或機構變革過程中，無論是建制派或改革派，皆要學習欣賞及尊重對方，敵人不是某位在位或下台領袖，乃是反映在人性內裡的邪惡。

華人教會常出現所謂「一山不能藏二虎」，不少領袖能獨當一面，卻難以與人共事。在華人組織文化內，疾賢妒才是常見的現象；這也可說明新的堂會或機構為何愈開愈多，同時堂會或機構的領導層常常在轉換。

領袖在與人共事過程中，難免有意見相左，或各持己見，互不相讓的局面；如何有效地平衡「政策」與「人情」確是不易！真正的領袖，拒絕把自己禁錮在互相排斥、冤冤相報的惡性循環中，他／她選擇單方面寬待他者或敵人，並透過「雙重視野」（double vision），嘗試從別人的觀點來看事物，重新發現原先個人視野的局限。筆者認為堂會或機構，愈能培育寬恕文化，愈能孕育更多心胸寬大而能寬待別人的領袖。

韋和達博士看「無錯領導」根本是自相矛盾，他以一則故事作說明。有年輕領袖拜訪一位德高望重的資深領袖，取經「怎樣成為像對方一樣的好領袖？」得來的答案是簡單的：「良好決策！」思索一會之後，年輕領袖再問：「我怎樣才能達成良好決策？」資深領袖稍作思考，回答是：「經驗！」年輕領袖仍不滿意，繼續追問：「我怎樣才能擁有經驗？」資深領袖平心靜氣地道出：「錯誤決策！」

要扭轉華人教會「領袖荒」的生態，在位的年長或資深領袖，要學習培育心胸寬大，有容人之量，能愛心寬待他人的弱點，並能寬免其過失，重新塑造組織內的寬恕文化，才能鼓勵及打造新一代的領袖。

延伸閱讀

Wright, Walter. *Relational Leadership: A Biblical Model for Influence and Service*. Carlisle: Paternoster, 2000.

Wright, Walter. *Mentoring: The Promise of Relational Leadership*. Milton Keynes: Paternoster, 2004.

Wright, Walter. *Don't Step on the Rope! Reflections on Leadership, Relationship and Teamwork*. Milton Keynes: Paternoster, 2004.

四、身體世界

貪．戒

中世紀教會列出七宗罪，分別是色慾、貪食、貪婪、傷悲（或懶惰）、暴怒、妒忌及傲慢。有學者看貪婪是七宗罪中的重點，因著這失控的慾望，引發其它變種的罪惡；正如色慾是身體的貪婪、貪食是對美食的貪婪、傷悲是對自憐的貪婪、暴怒是對真理或公義的貪婪等。

可惜是華人教會對色慾甚有戒心，卻對貪婪之罪視而不見。耶穌於四福音的教導，針對「貪．戒」多於「色．戒」，而我們在倫理實踐方面甚少指斥貪婪的不是。一位牧養紐約中上階層教會的牧者分享：「我牧養教會多年，有會眾肯承認有婚外或婚前性行為的罪，但從來沒有信徒敢認貪婪之罪！」在貧富兩極化的世代，不少物質富裕的本港信徒確實常犯貪婪之罪；當我們內心渴求常要「更多」與「更好」，卻不能在主內有所知足，也許我們正陷於貪婪之中。

耶穌說：「你們要謹慎自守，躲避各樣的貪婪」（路十二15，《現代中文譯本修訂版》），而奧古斯丁在其新約第五十七篇講章教導，當一位男士不以妻子為滿足，這方面的貪婪就是色慾；在崇拜上不以獨一真神為滿足，這樣的貪婪是拜偶像。奧古斯丁提醒信徒要「躲避各樣的貪婪」，而貪財只是其中之一。當任何事物的渴求，超越了應有的界限，這些沒有節制的慾求，帶來就是不同樣貌的貪慾。

奧古斯丁對貪婪之罪甚有研究與經驗，貪慾（concupiscence）指向人內在的強烈慾望，就是違反理性行為的感性衝動。亞當的第一個罪就是貪慾，因此他對肉體的屈服成為人墮落的主因。驕傲之罪，其實就是「自愛」，某種滿足自我的貪慾，意味著人背離至高的善，轉向較低的受造之善；因此貪慾不純是身體的慾望，更泛指我們對受造之物，如身體、知識、權力與物質等「錯愛」（misplaced love）。我們本應朝向創造主的「愛神」，誰知現今淪為不受控制的「自愛」及「物愛」；貪慾使人放縱道德官能，它本身雖不是罪，卻使人傾向犯罪。

面對貪慾，基督徒要敢於正視，承認我們犯了第十誡（出二十17），留意內裡存在揮之不去的貪慾。我們稍為不提防，這貪得無厭的猛獸會拘禁不住，隨時隨地跑了出來。你我要防止貪慾，不是逃避或否認，教會領袖要戒貪食（外界有數不盡的聚餐）、貪看（免費電影招待）、貪拿（毋須付費的教材與資訊等），戒貪方便與貪小便宜。也許當我們能認真處理「貪・戒」，本港教會更能在社會內發揮「全不為己」的福音影響力！

見利思義

《論語．憲問》所言「見利思義」，一向是中國傳統文化價值之一。有人認為孔子「君子喻於義，小人喻於利。」他們判斷孔孟只講道義，不講功利；但有儒家學者修訂此種「有義去利」的超越觀點。

朱熹分析孔子的「義利觀」：「義者，天理之所宜，利者，人情之所欲。」君子於利，只得其應得，而見利忘義，則是小人所為。清代唐甄《潛書．制祿》進一步解說：「凡人之性，上者有義無利，其次見利思義，其下見利忘義。」有學者看孔子把「利」道義化，有合義之利，也有不合義之利。儒家學者陳大齊解說：「仁義與功利，不但不相牴觸，且具有密切的關係。正因為期待功利，才有實行仁義的必要，亦正因實行仁義，才有功利之可期。」

儒家倫理沒有否定「利」本身的好處，只指出利要受制於義，利合乎義，義利並重。利與義本質上不是對立的，否定利潤或合理回報，只是「去人欲」，違反人性。但「見利忘義」同樣是不值得稱許，合宜的中庸之道，便是「見利思義」，即不以「利潤至上」或股東利益為絕對的價值判斷，要顧及道義，即現今所謂「社會責任」。

基督教倫理學強調仁愛與公義並行，在務農的舊約社會，園主收割時候，律法表明：「你在田間收割莊稼，若忘下一捆，不可回去再取，要留給寄居的與孤兒寡婦。這樣，耶和華——你神必在你手裡所辦的一切事上賜福與你。」（申廿四19）市場學首位倡導者阿當史密斯（Adam Smith），同樣不是把「無形之手」作為唯一而終極的價值，學者分析他的著作，公義與公正同樣是自由經濟的基本價值；而韋伯（Max Weber）於《新教倫理與資本主義精神》看基督教信仰正為資本主義的「合理利潤」賦予屬靈意義，而「合義之利」是可取的。

從儒家倫理及聖經教導看，注重私利正是人欲所在，而我們的罪性正反映利之所至而不受約制；而現實上去私利是不可能的，我們需要有合理的措施或政策，減少利益衝突或確保不會出現「權」「利」交易。在教會圈子內，特別是聯合事工，有些團體的倫理實踐常是「見利忘義」，較外界工商企業還不如，如違反合約，或搶奪事工或產品專營權、或騎劫了事工的原意而作為擴大本身實力的手法等。人有私心，在所難免，根本沒有免費的勞工；然而若干領袖的私心私利，有其潛藏目的，確是叫共天國事業者為之卻步！

延伸閱讀

馬克思韋伯著。于曉等譯。《新教倫理與資本主義精神》。新店：左岸文化，2005。

一於做大

近年來，本港不少堂會與機構存著一股「做大」心態；畢竟華人崇尚的是「寧為雞首，不做牛膀」。既然發展是硬道理，任何進取的組織必要把握時勢，或大興土木，添置物業；或增聘人手，擴展業務。

筆者從不反對事工發展，只想指出「做大」就能發揮更大影響力，在現今年代再難站得住腳。撇開堂會而言，無論機構或神學院，「大」了反而失掉了事工的創新性與機動性。所有組織皆要面對發展定律，就是有其成熟期，也有其衰退期；而健康的組織要洞燭機先，在其衰退期來臨前，開發新的產品或服務，從而維持其市場競爭力。機構須不斷更新其事工，能適切配合教會發展的需求，才能發揮其影響力。

任何機構不能一廂情願地宣稱擁有了某項獨特的事工異象，所有堂會均須奉獻支持有關事工。套用可持續發展的理念，筆者對任何「作大式」事工傾向保留，因為「插花式事工」（此語源自滕近輝牧師）往往維持「一剎那光輝」，對國度長遠作出貢獻的是「植樹式事工」。過去二十年來，在香港曾有「一剎那光輝」的機構事工多的是！

以筆者愚見，教會中人迷戀「大」的居多，事工要做大，聚會要大搞，派場要夠豪，甚至海報要夠大。「大」不一定不好，但筆者只想指出「做大」的心態，很多時候只是「虛晃一招」的假象，至終導致機構同工傷亡流失，或造成財務困難，由大縮小。

機構過大，運作無復昔日之勇，由異象主導事工；現實的需要往往使機構主管多交際應酬，建立關係，為的是要廣拓財源，維持機構之運作。機構事工的焦點，考慮的不再是國度事工的需要，乃是如何增添市場賣點，加增「持份者」（stakeholders）對其群體的支持。正因如此，機構在位者的言論務要小心謹慎，不要捲入任何爭議性課題，這涉及外人對機構事工的支持與否。

當機構過度膨脹發展，聘請同工的速度高於奉獻支持，因其「大有所為」而涉及開支，我們更要關注的是：究竟誰要為此付款埋單？倘若政府部門有審計署作出監管，機構的「超支」現象，是否只是內部問題？或需要向整體教會作出問責？也許有人看為：「誰叫你的信心太小？」難怪我酸溜溜地一派胡言別人的「大」？

報福或報禍？

解放神學工作者古鐵熱（Gustavo Gutierrez）挑戰我們，教會的宣講要兼備「報福」（annunciation）與「報禍」（denunciation），不能二取其一。基督信仰的弔詭性是對某些失敗的人是佳美安慰的「福音」，而對那些自滿安穩的人，卻是攪動心靈的「禍音」。

「報福」是教會落實對主記念的行動，不是空談；教會向上的敬拜與向外的團契，兩者皆向世人宣告上帝的愛已進入人類歷史，福音使人可以堂堂正正做人。與此同時，教會亦承認周遭存在壓迫性與使人疏離的制度，因此，教會需要作出宣講，指斥一切的不義與邪惡。當教會肯採納「報禍」行動，正表明它與現存不義的制度劃清界線，批判這些受罪轄制的權勢違反公義，奴役人類及歪曲人性。「報禍」必然向世上擁有財富的主人宣告審判，因為福音本身不是可供交易的商品，福音的另一面是對既得利益者宣告上帝的公義審判。當李兆基以暴發戶心態呼籲港人不要勤奮工作，轉往炒股，教會的宣講就要指斥：「哀哉！哀哉！這大城啊，素常穿著細麻、紫色、朱紅色的衣服，又用金子、寶石，和珍珠為妝飾。一時之間，這麼大的富厚就歸於無有了。」（啟十八16-17）

就本港教會來說，「報福」向來是我們的實踐；要向會眾及社會「報禍」殊不容易。美國紐約救贖主長老會主任牧師Tim Keller講論七宗罪的貪婪，這宗罪較色慾的罪更困難，因為基督徒寧願承認有婚外情，也不肯接受個人存有貪婪之惡。一六三五年有一位基督徒Robert Cain受到教會紀律，只因他謀取利潤高於教會當時定下的標準。當愈來愈多港人參與金融投資，教會的宣講，不是停留於鼓勵信徒多賺錢，多奉獻；更要整全而忠於聖經教導，斥責貪婪與吝嗇。

巴比倫城對信徒的迷惑，就是太多「迷離顛倒」的事物，以致信徒迷失本性，偏離航程，走錯了方向。社會學者韋伯（Max Weber），主張要為社會積存的假像或價值脫魅（disenchantment），身為教會領袖，我們也需要有勇氣把事物去除假像，及早忠告信徒遠離金融賭博活動，也勸勉信徒不要把恆生指數「偶像化」。災難前的「報禍」，也是福音的宣講！

延伸閱讀

Gustavo Gutierrez, *A Theology of Liberation*. Maryknoll : Orbis Books, 1988.

扶貧的挑戰

不少教會人士對扶貧事工存有先入為主的成見，認為這是政府的責任；教會根本用不著有任何具體的參與。倘若有堂會存著此種「基要心態」，筆者自當尊重；但這些堂會卻辦教育或辦社會服務，筆者不禁懷疑背後的思考一致性。筆者再三表明，尊重有宗派或堂會，基於其信仰路線，視教會只可關注屬靈，而所有俗世事務，一概不理。

當本港有超過五百間學校、六百所社會服務單位由教會舉辦，我們就表明了教育或服務不是全交政府包辦；教會團體按其信仰理念，提供「基督化教育」或「基督化服務」。無論堂會看扶貧為福音的手段，或扶貧本身就是福音，重要的是教會不把扶貧異化為不關己事。耶穌的職事，及歷代教會的見證，表明了扶貧是整全福音內容之部分；初期及中世紀教會扶貧事工，不是只做在會眾身上。保羅說：「只是願意我們記念窮人」（加二10），表達了教會的普遍實踐。

法國基督徒學者以祿（Jacques Ellul，或譯積依路）對貧窮有精闢見解，他從聖經裡肯定窮人佔著中心的位置；貧窮的問題並非社會性或經濟性，歸根究柢是屬靈的問題。窮人成了上主向我們發出的提問，而基督徒怎樣回應，就是委身信仰的明證。任何年代，無論在哪個經濟體系，皆有貧窮群體的存在；即或在本港富裕社會之內，也存著為數不少的窮人。

中產教會肯不肯接受神向我們發出的提問？提問帶出的答案，就是承擔責任。面對全球化經濟不義，我們該怎樣改變現有資源與財富的分配；信仰沒有提供具體的方案，但聖經至少肯定信徒要承擔責任。為何我們只著重大使命（太廿八18-20），或大誡命（太廿二37-40），卻故意忽略了大審判（太廿五31-46）？

當華人教會迴避貧窮的問題，將來我們必然面對終極的審判；筆者並非倡導「扶貧得救論」，但作門徒斷不能失掉憐憫關愛別人的行動。正確看待窮人，中產教會不是高高在上以強者姿態援助經濟弱勢的；反而我們要看見貧窮的實況，承認這不純是經濟的分配，也不是為他們代禱的屬靈姿態，乃是學效基督，付出自己，實踐「施比受更為有福」（徒二十35）。

今年受苦節，教會關懷貧窮網絡發起「禁食馬拉松，禱告為貧童」受難日廿四小時扶貧聚會，邀請全港基督徒透過戶外露宿與禁食，一起體驗貧窮之感受，並透過同心代禱與奉獻，期盼有助下一代貧童能早日脫貧！

延伸閱讀

Jacques Ellul, *Money & Power*. Downer Grove: IVP, 1984.

禁食祈禱

筆者在過去的受難日有廿四小時的戶外禁食祈禱體驗，這也不是甚麼大不了之事。數年前，曾與李健華牧師（已故）與陸漢思牧師等，參與基督徒學會主辦反對全球化的禁食祈禱會；那次沒有通宵，只是一群人圍坐在尖沙咀碼頭附近。另一次，則是在立法會通過「賭波規範化」前夕，通宵祈禱，有三數位一起不住祈禱。

這一趟，筆者有分倡導是次「禁食馬拉松，禱告為貧童」受難日廿四小時扶貧聚會，要以身作則全程參與，也是理所當然的。筆者也不預期有其他教牧或信徒有我這股傻勁。果然在凌晨至八時期間，獨自一人留守在循道衛理聯合教會香港堂門外。

是夜，筆者視之為個人的靈性操練，不是為著個人或家庭的需要，乃是為著城市與貧童的需要，向神求告。通宵露宿祈禱，肚餓之感覺，也是可忍受的；當然筆者不是分分秒秒在祈禱，偶而有路人上前閒談一會，有些時候思想主日講道內容，間中需要往洗手間。

筆者的禱告神學植根於改革宗傳統，對「每一次我禱告，我搖動神的手」此類祈禱詩歌有所保留；確信神權能的彰顯不在於禱告人數多或少、禱告的氣氛或形式。筆者不是禱告狂迷，堅持要在某日子某地段，採用某種型態祈禱，就能帶來功效。還記得，反賭那次通宵祈禱，有人認為我們把上帝與反賭兩者捆綁在一起，我們彷彿集體搖動神的手，從而搖動議員的投票意向；其實筆者只想向公眾表達的，不是禱告能改變公共政策，乃是基督教團體反賭的決心。此次，筆者同樣抱著不是廿四小時祈禱可改變一切，只想身體力行，表達本港教會對扶貧的承擔。

對比未信人士的社會活動，我們的實際行動與行動的決心還有大段差距。我們有的是不少空談，一旦要具體行動，就習慣作甚多解説，合理化我們為何不曾有所行動。當我們的信仰只停留於論述的層面，我們就得挑戰：「我們的信仰行動到底有多少？」華理克牧師的成功之道，不是他的口才如何好，乃是他能言出必行，透過具體行動，見證信仰。

祈禱與公共事務原來不是兩個互不指涉的範疇，當信徒把兩者分割來處理，正是信仰實踐的偏差。筆者認識某些熱中祈禱的教會領袖，他／她們的禱告熱誠是值得欣賞；但他／她們的貧乏就在於誤解了「祈禱是行動」，於是其回應模式常是以祈禱言語來處理所有事情。有些時候，公共空間也需要有民意表達，有遊説的聲音，有討論與對話，這些行動也是「不住地禱告」（帖前五17）。

喜情悅性

《中大學生報》情色版與聖經內容是否不雅，引來不少討論。

每當談及性課題，本港基督徒容易走上兩極，一是負面地否定性，另一則是向性全面開放。一向以來，本港教會主流以負面思想居多，甚至對性避而不談，使信徒不敢正面處理身心所引發與性有關的問題。有些不當的教導，使性與聖潔處於不該有的對立位置；當基督徒談論性課題，似乎只有「反情色」或「反性」（anti-sex）的立場，缺少了對「性——身體」的欣賞與肯定。

基督教看性是上帝賜予的禮物，讓夫婦在婚姻關係中享用。無疑，我們須要謹慎處理「性——身體」；但性的渴求是否反映靈性出了問題？基督徒是否靈命愈聖潔，就毋須享受性，或尋求兩性之間的魚水之歡？美國一位牧師 Rob Bell剛寫了一本書，書名直譯是《性神》（*Sex God*），探討性與靈性兩者關係；而本港這方面的論述，應選李耀全編的《性與靈性——神學探討與生活應用》一書。

正確看待性，基督徒要接受「性——身體」的渴求，可回復其受造與人「連結」的層面，而兩性身體的契合，正反映在夫婦相愛的性生活中。然而健康的性表達，並不局限於性行為；倘是這樣，單身信徒就被剝奪了上帝賜予的性。整全的性，不只性愛，更包括與人交往。任何性別之間的正常交往，已是「性——身體」的表達，如握手、輕拍、擁抱等。

基督徒毋須把靈性與性對立，我們要重申性的成長與人的整全發展不能分割的。基督教的成聖觀能正心養性，再達致喜情悅性。健康的性觀念，我們一方面肯定身體的受造性，有創造主賦予的尊貴，另一方面，我們也察覺罪使「性——身體」扭曲而偏向「任性而行」的危險！

合宜的心性成長，不是任由「性——身體」只求本身滿足，乃是發展為成全別人的關愛（agape，指向付出之愛）。不少研究指出那些性沉溺者，由於不能健康地在群體生活中，建立信任關係，於是受困於只顧一己的慾愛（eros，滿足自我之愛）裡而走不出來。基督徒惟有發展關愛，不同年紀，不同性別，獨身與已婚的，一同交往，確立界線，也能享受性愛以外的性！

延伸閱讀

Rob Bell. *Sex God: Exploring the Endless Connections between Sexuality and Spirituality*. Grand Rapids, MI: Zondervan, 2007.

性的靈性

近期就藝人不雅照片風波，帶來社會極廣泛及熱烈討論，筆者期盼教會可以借助事件，在堂會內引發討論，從而幫助信徒對性有整全與健康的理解。

隨著社會的性觀念轉變，不少人認為在道德真空的城市中，各人可任性而行，毋須任何道德或宗教的約束。正因為當今市場導向的媒體把性誇大化或商品化，性只淪為器官或行動，失掉了上帝創造之美。

筆者看性（sexuality），指涉的層面非局限於性別角色，及生理功能（如性愛、生育等），還包括社交與靈性的層面。要正確看待性，我們要認知性有三方面的指涉：分別為心性（soul-sex）、體性（body-sex）與群性（relation- sex）。心性指向內在心靈，而每個人皆有其陽剛與陰柔的心性，而不只局限於男女性別。體性則指向身體或為男，或為女；而身體有其正常的動物衝動與渴求。最後，群性表達整個人與另外個體，建立信任的關係，而透過友情與群體生活，得著其滿足感。

教會在性課題，面對兩方面敵人：一方是標榜開明自由的，主張一切「順性」而行，既然性慾是神所賜予，如何處理身體的需要乃是自主的行動。另一方則視性為不潔的，可說是「反性」而行，在教會之內不宜提及，免得撒但有機可乘，身體或性成為靈性追求的限制。

性的受造，不只是為了「滿足自我」，乃是在愛的關係中，又付出本身也同時取悅對方。一位未婚信徒，在群體生活中，同樣也可享受性的多重表達。基督教的成聖觀，也有「正心養性」的層面；健康的成長不是否定身體，也不是服從慾愛（eros）的控制，乃是肯定身體的被造性，有其受造的尊貴，也有其受罪污染而偏向慾愛的危險。

神沒有要求信徒「去人欲、存天理」，聖經就性的教導，不是「反性」或「順性」，乃是正確地看待性，既受「私慾」污染，也指向「尊貴的器皿」（提後二21；撒上廿一5）。「器皿」在若干經文與「身體」同義，直指男性生殖器官。人看為不雅的性器官，保羅卻要我們轉化為「性潔」，珍而重之，恰當地運用。心理學家告訴我們：不健康的性思想愈是壓抑，就愈加增其威力；因此不適當的壓抑只會適得其反。筆者看堂會的團契或小組，為合宜的討論空間，讓信徒正面理性地談論，從而建立健康的性教育。

延伸閱讀

Stanley Grenz, *Sexual Ethics*. Dallas: World Publishing, 1990.

教牧性失德

再次傳來教牧性侵犯青少年的事件，判刑兩年半；近來每年揭發而見報的，總有一兩宗類似事件。筆者感歎的不只是教牧本身的性失德，影響了信徒對教牧的誠信；更可悲的是不少宗派與堂會常抱著這樣的心態——「類似事件不會發生在我們當中」。香港教會更新運動曾辦過數次講座，探討教牧性失德與堂會訂定預防措施；然而參與者不算踴躍，這正反映堂會對此方面意識不足的問題。

不少堂會從來不肯正視與承認，會眾或教牧中有可能存在同性戀者；同樣堂會也可能存在性侵犯者與被性侵犯者。每當有性侵犯事件發生，教會總抱著「家醜不外揚」，撤換了教牧就息事寧人，或交由警方處理，卻不深入反思，提高醒覺，制訂適當的守則。單以「教牧也是人」或「樹大有枯枝」等論述，根本不能解決問題。面對不斷上升的性侵犯事件，本港教會可參考外國教會經驗，制定守則、甄別義工及教育信徒。

凡涉及未成年人士或青少年活動，堂會須制定健康防線（safe boundaries），要求受薪員工與義工遵守。外國經驗，要求所有兒童活動，至少有兩位成人工作者同時在場；而戶外活動，則至少三名。凡在外住宿活動，必須分別有男與女導師在場。有些更有嚴格規定，要求帶領活動者須廿一歲或以上；並對兒童往洗手間的安排，也有具體的指示。這些安全守則，包括男士不能單獨與任何性別兒童二人，共處一室。換言之，單身或已婚教牧邀請信徒單獨往家中傾談或留宿，是不合宜的做法。這並非説教牧不能邀請信徒返家中相聚，但這些交往是集體性，如團契或小組等，而完了家庭聚會，參加者要一起離開。筆者不能在此逐一陳述。可能有人認為此等條文過分嚴苛，然而這些安全守則目的是加增犯事者的難度，不容有機可乘，使那些意圖性侵犯者知難而退。

美國不少堂會要求兒童及青少年工作者，包括義工在內，申報過往有否性侵犯記錄，並把有關資料送往警方專門部門查核；待檢查甄別之後，方接納申請人有資格照顧兒童。本港尚未建立此制度，但堂會可要求有關同工填報更多資料，並要求工作人員閱讀及同意有關安全守則，才能參與事工。

最後，堂會要透過這些醜聞作合宜教導，提醒信徒之間交往，或信徒與教牧之間交往，有其界限，不能美其名為親密關係而取替了常識的判斷。堂會鼓勵信徒若遇上性騷擾或性侵犯，有何渠道作出投訴，從而減少犯事者繼續傷害別人。

五、教會世界

以「一」成「派」

華人教會倘若照搬西方神學的分門別類，把不同堂會分為基要派、福音派、靈恩派；或主流派、新興教會（Emergent）等，意義不大。筆者反而看教會可粗分為三大派：「唯一派」、「一統派」與「一體派」。

「唯一派」對教會的理解，就是「我信唯一……之教會」（《尼西亞信經》），一方面有歷史源流悠久的教派宣稱本身的唯一性（oneness），此類不是筆者在此討論的；然而筆者關注的，乃是更多新近成立的堂會走上「唯一派」路線。它們共通之處：信仰實踐只有唯一的敬拜方式，務要達成同一的祈禱風格，更加重要的是只能容忍「獨一」的教主。不少「唯一派」的湧現，皆因有若干領袖或信徒對原有教會生態，有強烈的不滿，或憤而出走，或被逼離開，一於糾眾而自成一派。筆者看見此類「唯一派」的獨立堂會，愈開愈多；是好是壞，由歷史作出判斷。

第二類是「一統派」，本質與「唯一派」分別不大；然而後者只求安於一隅，而前者卻野心不少，謀劃不久將來可一統部族。「一統派」常常把合一放在重要位置，又不停主辦各類全城盛會。由於「一統派」十分進取，且追求建立一個合一的身體，其異象與激情產生莫大吸引力，並且動員能力強，其實力不再是受打壓的「少數派」，反是極有影響力的名門正派。筆者對「一統派」的詬病是其「合我則一」的宰制意識，倘若能尊重多元，擺脫友敵二分，「一統派」畢竟對國度合一帶來貢獻。

力量與聲音微薄的應是「一體派」，此派堅信「並不分……在基督耶穌裡都成為一體了。」（加三28，《新譯本》），因而對《尼西亞信經》的理解是：「我信一體……之教會。」「一體派」之教會觀傳承自奧古斯丁，地上可見的教會畢竟不是完美的，乃是麥子與稗子共存的信仰群體。「一體派」看本身只是身體之一，尊重歷史存留的宗派教會，欣賞不同堂會的屬靈氣質與使命實踐。正因「一體派」兼容性強，不執著某套事工模式，「一體派」在宗教市場學定位不夠清晰，自然難以受人歡迎！

「唯一派」、「一統派」與「一體派」能否這樣劃分？也許讀者可看為「一派胡言」！

福音「派對」

本港教會大多愛稱本身為福音派（Evangelical），而對自由派（Liberal）、基要派（Fundamentalist）或靈恩派（Charismatic）有若干心理抗拒。外國不少調查堂會的問卷，喜歡填表人申報其「派」別傾向；但在本港或華人教會根本行不通。

基本上，福音派與基督徒（Christian）兩詞皆語焉不詳，各家各派自有其身分的解說。要清晰界定福音派愈來愈難，神學工作者麥格夫（Alister McGrath）於《福音派與基督教的未來》一書，嘗試整理福音主義的六項特質：聖經的權威、耶穌基督的榮美、聖靈的主權、個人悔改的必要、傳福音的首要與信仰群體的重要。依麥格夫見解，福音派的教會觀應是傳承奧古斯丁、加爾文等「混雜的群體」，而非如清教徒阿穆斯（William Ames）的「聖徒召集」。福音派不存在只有單一的模式，或只有唯一的教會觀。

正因福音派沒有一套劃一的教會觀，它能發揮有容乃大的精神，凝聚不同傳統與信念人士，結集為當今不容否定的宗教勢力。然而，福音派的「活躍症」（activism，此語來自歷史學者 David Bebbington對英國福音主義的形容），和務實的堂會發展理論，掩蓋了整全的教會觀。活躍的教會領袖，出於好意地分享其成功教會經驗；為了達成市場效益，同質性好過差異性，於是教會打造為「只容許委身聖徒聚集的菁英俱樂部」，而未達標罪人一律不受歡迎，或請你轉往那些低增長率的堂會。

福音派的合一包容性，本來是其成功之道。然而福音派的危機，就是只有一種以福音事工為導向的教會論述，並以私德取代公義，使命的理解只局限於領人歸主。福音對信徒而言，已掏空了內容，只是連串的事工與聚會。

也許，福音「派對」（party）一詞更合聖經與大公教會的寫照：教會是耶穌作主台開的派對，請柬由耶穌發出，我只是派對中人，在派對中有些是我容易「埋堆」的，有些是我厭惡的。我不會因為主人邀請了某君，我就心中氣忿而不赴會；我也不會因為派對賓客多是某類人，而我則顯得格格不入，還是不去為妙。正因為這是「福音派對」，若是時間與家人許可，I love party！

延伸閱讀

麥格夫著。董江陽譯。《福音派與基督教的未來》。香港：天道，2004。

天國派對

美國著名作者甘普路（Tony Campolo，或譯坎波羅）分享某次出門經歷。他抵達當地已是凌晨，又不想睡覺，於是往附近酒吧。誰知此酒吧位於紅燈區，他發現身旁正有一群剛休班的性工作者在聊天，其中一位女士提及明天就是她的生日。此語一出，惹來她人嘲笑：「難道要我們買生日蛋糕為妳慶祝生日？」該位妓女歎息：「我只不過想告訴你們，也沒有想過要生日蛋糕。更何況我一生人從未有人替我慶祝生日，我又怎會奢望你們為我做生日？」

當這群妓女離去後，甘普路決定為該妓女在酒吧舉行一個生日派對，而酒保甚至願意送上生日蛋糕。翌日，當全間酒吧的人一起為這位性工作者唱生日歌時，她驚喜得不知所措，因為她是首次有一大群人為她開生日派對。後來，酒保問甘普路：「你不曾提及你是一位傳道人，你到底屬於哪間教會？」他答：「我屬於一間可以在三更半夜為妓女舉行生日派對的教會。」酒保嘲諷地回應：「我才不信你，根本沒有這樣的教會，倘若有的，我立即參加。」

筆者聽了甘普路親身分享這個故事，也起碼有十多年了。後來他寫了《天國派對》（*The Kingdom Of God Is A Party*）一書。甘普路是一位社會學教授，也是一位福音派牧者；他看不過美國福音派不少教會只為了「體面」，而對弱勢群體的排斥，於是這些教會淪為尊貴客戶的私人會所，距離耶穌的派對有一段距離。華人教會不遑多讓，不要談那些妓女，我們對基層、新來港人士、殘障人士、少數族裔等，也可能採取「心理隔離」政策。

「耶穌說：『我實在告訴你們，稅吏和娼妓倒比你們先進神的國。』」（太廿一31）對不少基督徒而言，我們根本毋須緊張派對有哪些人作客。耶穌有自主權邀請客人，那些人看為「不體面的」，卻是耶穌認為配受邀請的（路十四7-14）。耶穌看成功的派對，不是人數最多，或客人「有頭有面」，乃是「擺設筵席，倒要請那貧窮的、殘廢的、瘸腿的、瞎眼的」（路十四13）。今天，外人看我們的派對不夠吸引，不是因為場面不夠哄動、節目不夠豐富，很大可能是我們的派對與去慣的分別不大，只不過換上了宗教的語言！

延伸閱讀

坎波羅著。黃蘊玉譯。《天國派對》。台北：校園，1996。

教會國度化

已故的趙天恩牧師竭力倡導的「三化」異象，其一是華人教會國度化。然而過去十年，筆者對本港教會的觀察，這方面卻是在倒退中。

筆者理解的教會，乃由地方堂會、基督教機構、差會與神學院等組成。基督教機構，又稱為翼鋒教會，按溫德（Ralph Winter）的劃分，乃是神救贖架構內的使命群體（Sodality），與信仰群體（Modality）共生同存。從國度使命看，教會的發展，需要有神學院等提供適切的裝備，又需要基督教機構在前方開拓，或在後方供應資源；而這些輔助機構的存在，為的是要建立使命教會（Missional Church）。

筆者未全職在機構事奉之前，有十六年時間牧養地方堂會。確實有一段日子，本港基督教機構領導堂會發展有「機構大、堂會小」的現象；不少機構紛紛推出其使命計劃，號召堂會響應支持。近年來，人才流向堂會較多，出現鐘擺的另一端，就是「堂會大、機構小」的局面（筆者不鼓勵機構要大，而任職的機構刻意不要朝大發展）。當更多堂會採用一站式的宗教服務，由教會報刊至靈修查經材料，由自辦講座至自行提供神學訓練；隨著超大堂會發展的趨勢，機構事工無可避免地受到衝擊。這一切原來因應本身堂會需要而發展的事工，無論是差傳、培育材料、訓練或福音事工，再進一步擴展為「歡迎外人」的事工型態，其實變相地又衍生了另一個「沒機構之名、有機構之實」的事工單位。

堂會為本（church-based）不是問題，乃是好事；但由堂會為本發展為堂會為主（church-centered）卻是不健康的現象，有違教會國度化的原則。當個別堂會凡事以本身為主，變得內向化，失掉了與大公教會的合一。「我信聖而公之教會」，強調的就是所有堂會與機構，不是以功效，乃是神學來檢視本身的道統、聖潔、大公與合一。此四項質素是任何堂會與機構必備的，否則人性軟弱只會走向「自我為主」的個別發展，卻不理會若干行動造成的是教會整體的支離破碎，彼此之間互不信任！新約展示的教會觀，從來不是地方教會的個別發展，乃是有餘的幫助缺乏的，富足的與貧窮的一起分享。當教會領袖失掉了趙天恩牧師的教會國度化視野，本港教會生態只餘下爭競與自大了！

延伸閱讀

《趙天恩牧師紀念文集（1938-2004）》。台北：中國福音會出版部。

Ralph Winter（Ed.）*Perspectives on the world Christian Movement－a Reader*. Pasadena: William Carey Library, 1992.

教會目的論

華人教會領袖一向重視地方堂會（local church），然而就整全教會觀，作神學反省的，近年來是愈來愈少。

筆者肯定地方堂會的重要性，也曾在元朗牧養一間堂會達十六年；但過度把所屬的堂會放在核心位置，並以此來審視其它一切事物，就值得我們留心。倘若我們的教會觀肯定了「教會之存在非為本身，乃為了使命」，上帝之使命（Missio Dei）才是教會存在之宗旨。人世間的教會，只是上帝選擇用來達成旨意的重要媒介（或工具）之一，教會不是唯一的媒介；上帝在歷史洪流中也使用外邦君王、政權與文化，來成就神的使命。正如潘霍華所言：教會是「為他者存在的教會」，而余達心則看是「為別人而活的生命形態」（life-for-others）。

回歸十年，本港教會本質起了變化，不是政治化，而是本位化。教會本位主義愈來愈明顯，表現於大多堂會投放的資源，皆為著本身事工的擴展；換言之，教會目的論佔盡優勢。筆者接受若干堂會在發展階段內，要自強健康，才能承載使命；但中、大型堂會只務求本身增長得更快，信眾數目更多，而使命的理解只瘦化為「帶領更多人加入我的教會」，此種以功用性取代本體性的教會觀，正值得我們一起反思。

倘若教會領袖思考的，往往以本身團體的利益作出發點；對於公共空間或文化的參與，頂多抱著「支持別人去做」的心態，難怪有意義卻不立即見效的事工，愈來愈少人參與。筆者過往至今，參與不少涉及公共空間或教會聯合事工，深明不少教會領袖的參與，名義而非實質。倘若教會領袖要悲歎公共空間之內信仰的失陷，可能要反問：「我們身為神的子民，究竟在俗世中展示了信仰的價值有多少？」

當教會以本身作為目的，領袖自然看重維持現狀，拓展事工；外間所有事物皆要圍繞著「我的教會」作其轉動軸心。任何過分偉大的願景，如倡導公平貿易、制定健康工時、減少貧富懸殊、培育文化耕耘者等，不是「我的教會」該關注的。筆者不認為教會要事事關注，但更可怕的是教會一早撤離了俗世，把原屬於上帝主權的大小領域，奉送予撒但。

改革宗神學的失落，正使教會忘掉了要更新文化與俗世的使命；而我們走回核戰陰影下的「自保心態」，忙於蓋建更宏大更堅固的「防核彈基地」。當公共空間愈來愈少真理的臨在與宣告，而教會成敗只在於是否「旺場」，也許我們「組織的成功正是屬靈的悲劇」（借用侯士庭之言）！

派對語言

本港一向奉行宗教自由政策，不存在所謂「宗教局」統管宗教事務，任何宗教團體只要有商業登記，或辦理較複雜的社團註冊便能自組教會了。在宗教多元化的社會裡，更正教由馬丁路德開始，已不是一統的；各教派的發展，自然地朝向多層面與多樣化，呈現不同形態的教會面貌。

當各教派只注重本身派系力量的擴大，也懶得恪守所謂共同的規範；於是各自在發展過程中，重新對原來的信仰語言，注入了新的認知。筆者曾撰文表達，共同語言的失落使華人教會更為部落化，其情景正陷入電影《巴別塔》所描述「無法溝通」的困局。

當某一教派把慣用的宗教語言，加添了新的詮釋，形成口音變亂，難怪派系以外人士摸不著頭腦、不得要領，或對表述有所保留。明明有了新「領受」，你卻說成了新「啟示」，篤信聖經默示權威的我，又怎肯放過你？我身為講員，尚未開始講道，為何帶領敬拜的，竟嚇一跳地宣告「敬拜完畢！」？基督道成肉身，無疑有其受造性；然而你竟宣稱基督是「受造者」，自然引來外界不小的反應！

正因為表述宗教經驗的語言是自由的，任何派別中人可自創詞彙，一旦流行，就成為「正統」。如筆者有分推行的標竿四十運動，同樣代表著某套宗教語言。當某間進行此運動的堂會信徒與另一位交談，問道：「你今日標咗未？」對外人而言，根本不知他們正在談及每天有否按日閱讀《標竿人生》一書！

溝通的問題，已不只是語言，更涉及多項因素。影片《巴別塔》裡，有一幕畢彼特與領事館官員通電話，原本救傷的要求竟上升為政治的外交層次，大家皆說流利的英語，卻溝通不來，只因各人所站位置不同！溝通並非易事；也許我們須要學習更多易地而處，才能保持良好溝通。

畢彼特扮演的角色，是一位無辜受害的遊客，其妻誤中流彈而受傷，本是值得同情；然而其受害者的自義心態，甚至以語言及肢體暴力對待受連累的同車遊客，破壞了溝通的氣氛，造成了受人遺棄的局面。同樣，當信仰語言走進公共空間，我們要思考如何表達不致冒犯外人，同時又能持守本身的信仰立場；否則福音派對的問題同樣陷入人為的「巴別塔」之中！

延伸閱讀

Babel, Paramont, 2007.

失「禮」事小？

在當今福音派教會之內，教牧與信徒對「禮」的認知與尊重，正在每況愈下。由於不少領袖喜歡任意而行，於是失「禮」事件常在教會（泛指堂會、神學院與機構等）中不斷出現。

就以主日崇拜為例，常見的亂象是程序中列明了祈禱環節，由是次崇拜主席帶領，誰知帶領詩歌敬拜的負責人，卻在領唱完結後，即興地作出祈禱。此種情況先後出現於筆者參與的神學院畢業禮、宗派節期聚餐及不少聚會。

筆者不反對在帶領詩歌敬拜的流程中，可作簡短的即興祈禱，或宣讀經文；問題是崇拜既有編排好的禮序，對會眾而言，為何領詩作完了祈禱，又要輪到主席再作禱告？筆者當然不反對崇拜內可多次祈禱，只想指出崇拜禮序，不同項目各有其分；而禮序之美，就是反映在各守本分，不越俎代庖。

筆者寧可整個崇拜採取「自由表達」，根本毋須程序表、又不須編排讀經或祈禱項目，各人隨聖靈帶領便可。可惜的是，愈來愈多教牧與信徒對「禮」失掉尊重。某次華人教會聚會中，編好了由某位教牧負責祈禱，誰知該教牧在禱告之先，竟發表了一輪短講！崇拜作主席的，其職責是帶領會眾透過編排的禮序，親近神，敬拜上帝，竟滔滔不絕分享個人經歷，這些皆是常見的失「禮」事件。筆者不反對即興，但在現今「隨己意」世代中，「失禮亂序」事件卻愈來愈多。

禮是溝通，也是傳統約定俗成的表達；而人對禮的尊重，就是規範個人，不自我膨脹至不受禮的制約，而上帝就是一切禮儀背後井然有序之主。如在宗派的堂會內，一般由按立之牧師或長老作聚會結束時祝福；然而有教牧認為祝福一事，聖經沒有明文規定，只限於擁有牧師職銜的方能作，於是任何教牧皆有權運用，甚至有堂會以孩童來為會眾祝福！筆者不反對獨立之堂會、傳道人或公認之信徒領袖有權祝福；誰有資格祝福，不是真理的辯論，乃是對「禮」的認知，就是教牧對其所屬傳統「禮序」應有的尊重。

明乎禮，我要尊重我負責之部分（如領唱、讀經、祈禱或講道等）佔用的時間；我不能侵佔別人所作的項目或時間。我又認識不同宗派或堂會，自有其禮序與背後的信仰價值；我作為客人，無權指指點點，強把我所堅持的套放在別人身上。

孔子曰：「禮失而求諸野」，也許福音派群體要多向主流或大公教會學習！

筋疲力竭

歷史學者伯炳頓（David Bebbington）以四項準則界定福音派：重生經歷、聖經權威、十架救贖與行動主義（activism）。前三者，我們不難理解，然而福音派為何要與行動主義扯上關係？

當筆者在教會圈子年日漸多，就明白伯炳頓的洞見；行動主義確實成了我們的行為特徵。行動主義本身不是貶詞，客觀地表述福音派教會忙不過來地，透過多元事工形式，意圖改變另一方的信仰價值與行為。筆者多年前撰文，評論本港之「福音主義」實質演變為「福音事工主義」，因為我們不再思考「福音是甚麼？」，只注重「福音事工對我們有何好處？」

筆者還年青的日子，曾有陳大雷（Walter J. Chantry）著《當代的福音——純真？混雜？》引發的討論，筆者不十分同意這位改革宗牧者的觀點，但欣賞有教會領袖這般緊張福音的純全性。這本書的中譯本，一九七五年由福音閱覽室出版，譯者是陳喜謙牧師。三十年後，還看現今的「福音事工主義」；倘若有機構或神學院肯主辦「福音再思」之類講座或研討會，可預期出席人數寥寥可數！

這正是現今本港教會極之不健康的生態，我們放棄了思考福音與本土文化之間的對話；卻不斷花上心思泡製大量使信徒疲於奔命的「福音事工」。福音可能對信徒而言，第一觀感不再是使心靈自由的「好消息」，乃是感到筋疲力竭、勉為其難的責任。

有人這樣說過：「我們太忙於伐木，以致於沒時間磨利斧頭。」然而我們面對的更大問題是：盲目伐木，長遠地對整個森林帶來怎樣的後果。伐木愈多愈好，各人忙於砍伐，興建本身園庭；待有些人感到筋疲力竭；就會有人建議採用新式伐木工具或方法，繼續伐木下去。可能有人心裡浮現過：「為何伐木？」但這般淺的問題，還是不問為妙！於是森林裡，各人仍然忙於砍伐活動！

行動主義潛藏的危險，使我們不自覺地身陷漩渦，忙於圍繞著掏空了福音內容的中心不斷旋轉。陶恕於《勝過撒但》語帶諷刺，論述這些忙碌於宗教活動的信徒猶如「日本舞鼠」：「這些基要派分子——一直在跑，片刻也停不下來。」（126頁）

當本港教會重拾福音的意義：有經歷心靈的安息與輕省、有空間思考福音的當代解說、有勇氣向功利主義說「不」、有自由拒絕廉價銷售「福音」的活動、有信念看「成為福音」（Be the Gospel）重要過「傳講福音」（Tell the Gospel），我們方能無愧地以福音派自傲！

延伸閱讀

David Bebbington, *Evangelicalism in Modern Britian*. Grand Rapids: Baker, 1989.

陳大雷著。陳喜謙譯。《當代的福音——純真？混雜？》。香港：福音，1980。

陶恕著。葉瑞蓮譯。《勝過撒但》。香港：宣道，1995。

福音宣講

本港大多堂會在推動佈道事工方面，已做得不錯；而各類型的福音活動也搞得有聲有色。從佈道的果效看，就粗淺的觀察，再比較《二〇〇四年香港教會普查》有關數據，筆者認為我們的福音宣講存在不少問題。這些問題，也有若干教牧與信徒了解，但礙於情面，還是不說為好！

司徒德牧師於阿姆斯特丹二〇〇〇全球佈道者會議分享：「我們必須回復本於聖經的福音宣講。」在同一場合，著名神學家巴刻博士強調要宣講「整全的福音」，很多時候佈道者的失敗在於看扁了福音。陳喜謙牧師於香港基督徒學生福音團契五十週年感恩崇拜重申：「福音的核心是宣講耶穌基督的代死與復活。」福音不是信仰入門的小兒科，乃是關乎神的榮耀國度，未來的盼望與社會公義等。福音是既淺且深，可惜我們偏向把福音信息講得消費化或廉價化。

正因我們不作深思，大量接受「廉價福音」卻不肯在行為上悔改的人士湧入教會，就造成牧養的困難。在另一場合，許道良牧師於播道神學院七十五週年感恩崇拜，語重心長地提醒：「只重傳福音而不去栽培是不負責任的。」教會生態的嚴重失衡，就如許牧師形容為「芽豆式信徒」過多，徒有外表而實力欠奉。

筆者認為當今福音事工的偏差，就是我們過度關注「決志信主」人數，卻不同樣程度地關注福音宣講的內容。我們把福音異化為滿足現代人心靈需要的止痛藥，不敢指陳人性的貪婪與放任；罪人需要承認靈性破產，為己罪難過悲哀，耶穌的救恩就能進入痛悔心靈。

倘若我們重新思考福音宣講之重要，不在於即場決志人數多少，乃在於循序漸進地向未信者講解整全的福音；信耶穌與跟隨基督是不能分割的，福音既是上帝無償給予，我們不能因為「白白地得稱為義」（羅三24，《和合本修訂版》），容易相信又就容易放棄。相反，福音要求我們持續地悔改（或轉變），活得更像耶穌。

後現代的佈道進路，看重的是先歸屬（belonging），後歸信（believing）。這也是美國馬鞍峰教會的進路，堂會的若干活動不再局限只歡迎信徒參與，未信者或尋道者可參加崇拜、小組、課程及講座等。當這些朋友與堂會有所結連，歸信耶穌是或遲或早出現的正常現象。過度重視「決志信主」，只會催生不少未足月的早產嬰孩，有些或夭折，有些或培育困難，問題背後可能源自宣講了「毋付代價」的福音，而變了質的福音自然造成了劣質信眾，又同時帶來不少的牧養困難。讓我們回到豐富的福音宣講！

再思「決志」

查實現今佈道事工強調的「決志」，沒有足夠的聖經支持，較接近經文是「你若口裡認耶穌為主，心裡信神叫他從死裡復活，就必得救。因為人心裡相信，就可以稱義；口裡承認，就可以得救。」（羅十9）筆者於一九九四年參與葛培理佈道團於多倫多主辦的四天訓練，其中一堂關於「如何作出福音的邀請」，重點在於人接受福音的「邀請」（invitation），從而接受救恩。

回顧教會歷史，所謂「呼召決志」（altar calls）源自十九世紀奮興佈道家芬尼（Charles Finney），邀請對福音作正面回應的人，坐在指定的「為得救而感到焦急的座椅」（anxious seats）。再經慕迪（D.L. Moody）將之轉型，邀請那些對福音宣講有公開表示的，進入某間「尋索得救的房」（inquiry room），有陪談員個別作信仰輔導。至葛培理（Billy Graham）時代，因應佈道場地的轉變，由室內走往公眾場所，於是他在福音宣講結束前的「呼召決志」，要求受眾走往台前，公開認信，並由陪談員協助作決志禱告與信仰輔導。

筆者不反對「決志信主」，也帶領人作禱告表示接受耶穌救恩；只想從歷史發展指出，「決志」做法只不過是時代的產物，因應場景的轉變而有不同的表達方式。

當今，北美不少堂會已不再重視所謂「決志」，典型是華理克牧師，他只要求出席的新人留下基本資料，方便日後跟進。

當華人教會不恰當地理解「決志」，以為對方聽了一次福音信息，作了某種表示，即保證永遠得救，我們將重現「教會君士坦丁化」的危機，大量沒有經歷「悔改歸正」（conversion）人士湧進教會。也許我們把「決志信主」看得過於聖經所要求的，「決志」只不過是有人願意在某場景之中接受福音的邀請，作出第一步的信主承諾；此項承諾並不等同「悔改歸正」，決志者需要不斷回轉，繼續在救恩中有所轉變，方是重生得救的明證。惟有我們以「流程」看待「決志」，「決志一刻」只是持續不斷悔改之入門檻而已。那些只作一次「決志」卻不再在信仰上作任何轉變的，根本不屬於耶穌呼召來跟隨祂的群體！

與葛培理私交甚好的鍾馬田牧師（Pastor Martyn Lloyd-Jones）曾公開地反對此「決志主導」的佈道方式，而巴刻也站在改革宗神學思想，質疑那些高舉個人意志來判斷是否得救，是否本於聖經的做法，或只會造成更多不肯付代價的信徒？倘若我們不就「決志」作認真的神學思考，繼續任由「自我一代」按其口味選取福音，無論教牧如何花心思作牧養與培育，仍可能是大堆沒有重生經歷的宗教消費者存留在教會當中。

六、牧職世界

「專業」教牧？

回望歷史，專業（profession）此字原指向「信仰的公開宣告，並隨之而有的順服。」早期的專業人士，只有教牧、律師與醫生等。其後因應社會的演變，不同行業的員工走在一起，組成公會團體，自訂規則，爭取其專業地位的認受性。經過若干年後，差不多所有行業之從業員皆稱作「專業人士」（professionals），於是專業已失卻了原本的嚴謹要求，反而只偏重於該行業的特殊知識與技能。

當專業只注重本行技術，失卻了對公眾的責任，專業泛濫就淪為小圈子排除異己、爭取本身權益的遊戲了！本港大多專業人士只顧「搵錢」或本身發展，很少顧及對公眾承擔的責任。

陶恕於《勝過撒但》理解專業由五項元素組成：教育、技能、委身、責任與問責。可惜是「專業主義」只講究前兩項，而後三項（委身、責任與問責）則不再提及了！

牧職既為專業之一，牧者理當有一定的神學教育與勝任的技能；否則他／她就難以立足於教牧專業。現今，教牧面對的張力，就是一方面返回「專業」原有的內涵，毋須否定專業的重要，另一方面又要走出「專業化」的迷思，不受困於專業主義。教牧之成為專業人士，不在乎擁有多少個學位；乃在於對上帝召命而來的委身。

大前研一於《專業——你的唯一生存之道》對專業有另外一番見解。他認為「知識工人」不要作專家，卻要有「專業精神」。專家做的是已經知道規則，用電腦或技術就可以完成作業的工作；而「專業則是在荒野中找出路，在沒有路的世界中觀察、判斷，然後帶領組織步向坦途。」

正因為廿一世紀的知識型社會，我們面對的挑戰是「看不見的空間」。幾乎所有問題都沒有所謂標準答案，於是能夠提供正確方向、給予一定程度建議的專業人才，是十分重要的。倘若教會以外人士認為，未來世界的重點不在於程度，也不在於規模大小，而是方向問題。專業教牧不是技術官僚，只會按章工作；他／她是擁有克服眼前困難的創意和勇氣、能夠在無路可走之處，找出一條新路可能性的專業人士。

此種追求知識的好奇心，「不斷磨練本身技能，至死方休」（大前研一），即使面對環境的變化，也能發揮出本身的實力。當今本港教牧正需要有James Glasse與大前研　所倡導的「專業精神」！

延伸閱讀

James Glasse. *Profession: Minister*. Nashville, TN: Abingdon, 1968.
大前研一著。呂美女譯。《專業——你的唯一生存之道》。台北：天下遠見，2006。

尊重體制

一般而言，就業人士進入不同行業之內，皆要遵守任職公司的行規；而不同的企業自有其不同文化。作醫生的，診症時會穿上袍；任職銀行的，大多有其指定的制服。某些成文或不成文的規定，就成了若干專業的組織文化；而這些皆不是絕對的真理。

不同宗派或堂會對教牧同工的服飾沒有一致的規定；但大體而言，禮儀教會教牧以公務身分出席聚會或公開場合，自有其「穿著禮儀」（dress code）。非禮儀教會教牧就自由得多，可因應場合，或盛裝，或便裝。在教牧之間的交流或團契，甚至研討會或工作坊，男的不打領帶或頸帶，也不是大問題。筆者反而感到驚訝的，是有非禮儀教會教牧戴上白色頸帶，外表是更好看與莊重；當然，這做法也沒有甚麼不妥，只是教牧可能忘了尊重本身宗派的體制！

倘若筆者是聖公會或信義宗牧師，大熱天時甚不情願戴上頸帶；但以較低的專業要求來看，筆者在工作時間以內，還是要學習順服。當筆者是宣道會牧師，宗派體制毋須教牧戴上頸帶；雖然個人認為戴上頸帶，更為體面，但筆者在尊重體制下，還是不戴為好！

服飾打扮事小，根本不是真理問題，更大的問題是現今年輕一輩教牧對體制的認知與尊重愈來愈薄弱。筆者若是浸信會牧師，我要接受「全身浸於水」才是洗禮之道，在尊重體制之下，我不能向會眾宣講嬰孩洗禮正確論。我若是五旬宗牧師，就會肯定方言經歷與醫病趕鬼；倘若筆者不能接受，另謀高就是合理的出路。又或我牧養的堂會為會眾制管治模式，不能按己意轉為長執制管治模式；而我可作的是如何讓會眾制空間內更能發揮其所長。

可惜的是，現今教會亂象往往是有教牧看個人凌駕於體制之上，認為體制是不合時宜的律法；於是「教牧入行」（容許較粗俗的講法）基本須知的，竟是大家所遺忘的！體制本身有其限制，須要按年日作出修改；但在整體不曾達成共識之前，我得要尊重體制。

進入「後宗派年代」，筆者在此不是倡導「宗派主義」；只想指出教牧入職之前，要多了解宗派或堂會體制；而入職之後，更要尊重其傳統與文化。當教牧對在上的或過去的失掉了應有的尊重，我們又怎能奢望在下的或在後的，同樣尊重我們的職分？

學而無用？

知識型社會，不同行業皆要求其員工持續學習，從而保持其專業的競爭力；教牧在職期間不能只顧「奮身」牧養，卻不預留學習成長的空間。筆者肯定教牧在職進修的重要，然而教牧如何學以致用，倒是值得我們一起思考的。

筆者認為，教牧首要的考慮不是多拿一個學位或一紙文憑，乃是知道個人的需要或不足在哪方面。倘若我的人際技巧頗差，怯於與陌生人傾談，明顯地修讀聖經或神學科，對我現時的效用可能不大。但當我的聖經知識甚為不足，那我選讀由某間神學院或機構提供的聖經課程，就是明智的判斷。

市面上課程多的是，教牧不一定樣樣皆要學；現今常見的是部分教牧「常常學」卻「不會用」或「甚少用」的現象。不少教牧學習的盲點之一，就是錯把「汲取資訊」等同「學會學習」；其實，學習者不能聽了一遍就弄明一切，仍需要時日「生根建造」，才能融會貫通。

任何事工意念或技能，要具體轉化為可見的成果，管理學大師之一布蘭查（Ken Blanchard）指出，涉及四個不同層面：知識、態度、行為與組織文化。知識是最淺的層面，易來也易去；教牧知的愈多，但對個人或團體帶來的轉化卻不是愈多。知識無疑是增長了，但過多且爭競的資訊，有時使人無所適從，或造成行動障礙。

學以致用，學習者正確對待「新知」的態度是重要。教牧不要太早對「新知」存否定或批判的取向，於是每次研習班之後，其反應是：「此套工具或材料不適用於小堂會身上！」有些時候，問題出於工具本身；但很多時候，是教牧個人的態度決定了工具或材料的效用。根本就沒有一套十全十美的工具或材料，教牧只選取若干合用的，持之以恆地應用，最終必見成效。

第三個「學會學習」的層面，就是學習者要以具體行為，驗明其所學的。筆者不少學習，來自教導別人時，自己首先統合知識，方能教學相長。若干教牧忙於進修與學習，忽略了行動才是知識轉化的關鍵所在。「知多做少」正是現今知識型教牧與上一代「知少做多」教牧的區分。

對教牧而言，最大的學習挑戰，莫過於把「新知」與組織文化（即堂會）結合。這方面常出現失誤的亂象，就是部分教牧犯了「欲速則不達」毛病，結果「新知」化為「新政」過多，弄致堂會消化不良，抗拒變革。宗教教育的不被重視，也是造成當今「學多而用少」的原因之一！

延伸閱讀

肯布蘭查著。阮貞樺譯。《一分鐘激勵》。台中：晨星，2002。

事工型號

教會坊間每隔一段日子，就有新的「事工型號」出現；「事工型號」代理人高調地推介其產品如何奏效，怎樣促進教會增長等。當然，「事工型號」追不上手機型號；而教牧同工要認知所有「事工型號」，忙於參與不同的解說會，比較不同型號的優劣，也要花上不少時間！

筆者認為，華人教會資源的浪費，莫過於教牧學了不少「事工型號」，卻常常停留於學了不做或只做一次的初階。筆者肯定每項「事工型號」皆有其特定效用，然而某事工要發揮至大的效用在堂會內，確實須要經歷事工的成長週期。當教牧缺少了此方面認知，以為引進的「事工型號」，等同電腦軟件，一插即能見效，便是「正貨」了！

筆者眼見不少教牧同工參與形形色色的「事工型號」訓練或研習班，有些只聽了一遍，還不曾具體應用，就下結論：「此套工具不合我們用！」筆者絕不相信有一套「事工型號」能適用於所有大小不一的堂會，工具只是工具，「術」「器」不能超越本身的限制。但另一方面，不同品牌的「事工型號」仍有其存在的效用，否則自然會被人棄用。

就以坊間佈道工具為例，根本沒有一套「事工型號」是萬能的；當堂會嘗試引進某套新型號，首要考慮不是工具的成效如何，而是該工具與堂會的核心價值是否兼容？倘若堂會習慣了邀請名牧、名人作佈道聚會講員，如今的佈道工具注重是「關係式佈道」，明顯地新型號要在堂會產生最大的效用，需要假以時日，不能只做一次！

筆者接受過不同牌子的「事工型號」訓練，也作別人的教練，愈來愈發覺，只要專注於一，且持續地做，日久必能見效。可惜是有這種洞見，且能堅持下去的同工愈來愈少，多是那些樣樣皆要試，做了一次便要換「事工型號」了。有些時候，問題不在於該型號，乃是用者摸不熟該事工的功能。有效運用事工新知，最佳方法不是「雷聲大作」，只會弄巧反拙，引起過高的期望而非該工具能滿足的。筆者建議「試驗式」從小做起，堂會領袖要有足夠時日消化新知，而急變的副作用只會使人抗拒變革，於是「事工型號」只會令人不安。

教牧能夠善用工具，且能帶出成果，這就是駕馭「事工型號」的領導力！

容許犯錯

香港可算是全球華人神學教育最多的地區，大大小小，正規的與非正規的，有估計數目達四十多間。既有這麼多數目的神學院，照理華人神學思想應有美好的發展；可惜就筆者粗淺的觀察，回歸十年以來，華人神學只有辦好教育。開辦的課程項目多了，而完成各式各樣學位文憑的學生增多；但在神學思考方面原地踏步，進展不大。

為何華人教會多聖經學者而少有神學創見的學者？為何華人教會多是「汲取型文化」，甚少有「創造型文化」？這也許與我們華人教會根深柢固的文化有關，就是「聖人不犯錯論」。受人尊重的屬靈領袖，其言行絕不犯錯；於是在任何場景中，愈是類似「屬靈八股」的言論必定保證「信仰正確」。

不少更正教領袖批判天主教「教宗永無謬誤論」，然而我們為了享有「不會犯錯」的清譽，很可能造成因循守舊、慎言慎行、不敢冒險的教會文化。正因為華人教會文化一向是「務實」，很多教會研討會或會議只是「講人自講」，各自表述一番，真正的交流對話極少。筆者厭倦此類「水分極重」的教內會議，差不多每一次皆是重複上一次另一個會議，有時更是來來去去那些面孔，唯一不同的只是日期及地點而已！

華人教會的深層文化，任何大會或辦事手法一切照舊，就能保證不會犯錯。「不犯錯」的教牧或神學工作者，就是忠心可靠的領袖，於是我們預設了很多思想禁區；毋須討論公共課題，只談「教會倫理」便可！不要談個人看法如何，探討古人於某年月的某神學觀點來得安全一些！

筆者同情這些教牧或神學工作者，因為建制思路不開放，不容異見，於是我們只講只寫那些「安全系數」高的言論；難怪現今華人教會媒體裡充斥著大量「講了等於沒講過」或千篇一律的文字！

筆者欣賞與尊重的神學工作者，如巴刻、司徒德及畢諾克（Clark Pinnock）等，這三位福音信仰的神學家不固守其原來立場，敢於衝破思想框架，與當代思想開展對話。巴刻與天主教及靈恩派展開神學對話；司徒德與畢諾克探討非基督徒死後「靈魂消滅論」（Annihilationism），而畢諾克的「開放神論」（Open Theism）同樣引發不少反對意見。這些享負盛名的神學工作者，不堅持其見解必然「神學正確」，學術研究正是就某些課題多角度地一再思考。也許當我們教會文化容許犯錯，而我們又不怕犯錯，華人神學才有新的創見，能對全球神學思考有所貢獻！

延伸閱讀

巴刻著。《活在聖靈中》。香港：宣道，1984。

Charles Colson, Richard J. Neuhaus（Eds.）*Evangelicals and Catholics Together: Toward a Common Mission*. Dallas : Word, 1995.

Clark Pinnock. *The Openness of God*. Downers Grove, IL: IVP, 1994.

體制創新

溫家寶總理接見曾特首，提及本港發展要重視創新，包括體制和科技的創新；要創新就要提升港人的知識；而知識型人才正是我們需要培植的；我們能否打造合適的法制和生態環境讓創新型人才可以留下來，並有足夠的發展空間？

按筆者這些年間對本港教會及海外華人教會的認知，發現大多華人堂會的文化與價值是尊重固有傳統，維持現狀，而真正肯創新與冒險實在很少！最近，著名基督教教育工作者李菲兒女士（Marlene LeFever）來港主領訓練，發現本港教會多的是「分析型學習者」，也有若干「想像型學習者」，唯獨不多有的是「動力型學習者」！

華人教會文化，是否創意的天敵？我們以傳統的辦事習慣作為基準，不容許任何想像力的空間，極端至容不下任何異議。當我們把那些富於創意，不拘傳統，甚至特異獨行的信徒摒出教會門外，反而同志團體更能包容多元性與想像力，肯定與鼓勵創意的開放；而教會的文化被標籤為「守舊落伍」、「道德霸權」、「反對自由」等，這是何等的不幸！

創意是「沒有特定方向的思考」，也可理解為「不按牌理出牌的思考」。天下遠見文化事業總裁高希均強調：「主宰廿一世紀商業革命的就是創意，創新是企業發展的動力。」我們得承認面子文化正是對創意的否定；不少大型聚會的主要考慮不是內容如何，乃是慣性的思考：誰該站台？重要的是邀請了有入座率保證的講員，或安排了有名望的領袖入場出鏡，其它有關節目的編排或配套就毋須花上心思了！華人教會的聚會文化明顯地與世俗節目南轅北轍，也落伍於國際性質的教會聚會！借用溫總的提示，體制創新需要在位領袖肯打破慣例，不墨守成規，動動腦筋，才能另拓新的天地。可惜的是，有些堂會教牧構思本身聚會，更懶得思考，照抄外面機構的聚會名稱與題目，難怪華人教會多的是「跟風」抄襲！

領袖要開放思想，就要有「跳出框框」的思考，不是封閉地面對時代潮流文化。異於慣常的做法總好過每次預期皆是「一切照舊」。我們要興起新一代領袖，容許對方犯錯是在位領袖要具備的素質。

在全球化的處境下，教會需要培育創意領袖；杜拉克提醒我們：「首要之務，就是要把投注到無效、沒有效果領域的資源釋放出來。事實上，除非卸下昨天的包袱，否則不可能創造明天。」

資訊企業流行的論述：「不革新，便死亡」，教會通常緩慢地作出變革；特別在體制與組織，我們更需要有不斷創新的能力；因為上帝親自宣告：「看哪，我將一切都更新了！」（啟廿一5）

講個信字

本港基督教機構（神學院、差會也在內）生態質素參差不齊，有些有完善的管理，也有些只是「個體戶」，而機構的整體管治水平甚有提升的必要。機構的董事會運作，確實有需要強化；由於不少機構的董事多為教牧同工，有些更是大忙人，且是「好好先生」，對機構的監察或有不足地方。

筆者身為機構的負責同工，也出任不同機構董事的職事。華人教會文化流行的「講個信字」，即董事對同工有信任是好事，董事也無謂事事過問；但適當的監察仍有需要，否則董事的角色是多餘的。工商企業與非政府組織管治學者John Carver倡導的「政策管治」（policy governance），正值得我們一起參考；他看任何機構董事會的職責有四方面：

首先，機構須界定本身的使命與方向，而董事看重的不是使命如何達成，乃是與原來機構成立時的異象相差有多少。機構董事就是扮演異象監護人的角色，確保機構同工不偏離原來的宗旨，並時常與同工一起尋索前面發展的遠象。

其次，機構須要制定負責同工的權限；哪些事務須得董事會認可或授權，方可進行；而哪些事務董事會又不宜過問。筆者認為凡涉及員工的薪津福利事宜，如調整薪津、安息年或進修假、醫療保險等，最好交由董事會定奪，避免出現利益衝突，再度上演周梁淑怡與臧明華之間的鬧劇。董事會或許每年訂下明確時間表，檢討或調整有關受薪同工的薪津福利等。

第三方面，董事會要界定董事會與總幹事之間權責關係，使總幹事知其權限，又同時有自由執行職責。當董事會與總幹事可以建立安全而互信的關係，不會權傾某方，或讓董事會成為橡皮圖章，任由擺佈。「過強」或「過弱」的決策層皆不是健康的表現，而董事會能否與總幹事之間互信共事，確實遠高於「講個信字」！

最後，機構須要確保其董事會有良好的運作流程，如定期召開會議，而會議議事有明確的流程，有關記錄能反映議決內容與執行進度。

基督教機構須要提升其專業水平，不可少是深化其管治文化；倘若我們仍不改進，沿用「講個信字」，機構之間的醜聞將不絕於耳！

延伸閱讀

John Carver. *Boards that Make a Difference: A New Design for Leadership in Nonprofit and Public Organizations*. San Francisco: Jossey-Bass, 1997.

聚會主義

當今不少教牧與信徒對堂會聚會（包括崇拜、講座或福音活動等）愈來愈重視，本是好事，可惜是關注放錯了，結果聚會節目質素的改善只造成更多宗教消費者，並非跟隨基督的門徒。

最近，北美著名的柳樹溪教會（Willow Creek Church）發表一份調查報告，名叫《揭示》（*REVEAL*），令主任牧師海波斯（Pastor Bill Hybels）向會眾承認：「我們犯了錯。我們本應幫助那些踏進信仰而成為基督徒的，教導他們要承擔責任，要主動地餵養個人靈命。我們應一早教導他們不在聚會時如何讀經，並如何進取地操練個人靈性。」

這間甚多人前往取經的柳樹溪教會，重新發現所投放的資源，本以為多了聚會，多了有質素的聚會，就能對信徒的靈性成長有幫助。如今他們發現信徒返聚會與靈命成長是兩回事情；多了有入座率保證的聚會，但這些聚會只對信仰浮淺的信徒有些幫助，卻對那些成熟的作用不大。當教會領導層愈想透過搞好聚會來促進信徒靈性，結果是一輪忙亂之後，生命還是舊模樣！

現今本港教會的危機，就是不少教牧焦點放錯了在聚會的更新，以為有更多更好的聚會，信徒能自動地透過出席大小不同的聚會來達致靈命成長。聚會的出席指數，並不說明信徒更加愛主，或生命有著明顯的轉化。我們倘若繼續任由「聚會主義」宰制教會生活，教牧不好好教導信徒在日常生活中實踐信仰，我們只會培育出信徒猶如宗教消費者般於大型聚會中「搶位」、「霸位」，卻失掉了「讓位」的質素。

當我們肯打破「聚會主義」的迷思，看重的不是堂會聚會的出席率，乃是更關注神的子民的生命質素，教會的前景才有盼望。柳樹溪教會的醒覺，值得所有大小不一的堂會教牧一起正視，就是不要簡化牧養信徒為「返聚會」，而聚會的最大作用只在那些尋道的、初信的或成長中的；對那些以基督為中心的信徒而言，教牧不要期望他們花時間在聚會上，倒是個別指導他／她如何實踐信仰，活出福音。

惟有教會領袖改變思維，裝備信徒能自發自主地成長，不過分倚賴聚會，才能有更大的成長的空間。如今獨立思考的信徒愈來愈少，創意與活力不足，這一切正是「聚會主義」造成的後果！就讓我們不要成為忙於聚會卻沒有空間反思的一群，讓「上帝以祂的聖道殺害我們愛聚會的舊生命」（借用唐慕華之語）！

延伸閱讀

Greg Hawkins & Cally Parkinson, *Reveal : where Are you?* Chicago: Willow Creek Association, 2007.

《時代論壇》簡介

創辦於一九八七年的《時代論壇》，是一份應時代需要而出版的週報，由一群對香港教會有承擔的牧者及信徒所發起。主要目標是在這急速轉變的時代中，提供時事和社會分析，輔助信徒洞察時變，積極回應時代的需要，發揮基督徒先知的責任；同時希望能建立資訊網絡，迅速傳遞信息，並促進教會彼此聯繫、建立共識、互相支援。

《時代論壇》創刊時，其角色和使命都十分清晰，它從來就不是市場主導的產物。在無休止的紛爭、矛盾和負面的資訊世界中，《時代論壇》仍舊以單純的信念，理性的思辯，以耶穌基督的心為心，用心去報道及評論，並提供互動空間，彼此豐富和勸勉。

《時代論壇》由資深報人李錦洪先生任社長兼總編輯，逢星期日出版，印刷版及網上版（網址：http://www.christiantimes.org.hk）同步發行，讀者超過四萬人。

「在講求競爭化的年代，我們憑甚麼和別人競爭？力量，來自過去；力量，源於三一真神的應許。」（李錦洪，〈社長的話〉，載於《時代論壇》網站。）